Concept Leben
Werbe- und Einkaufsgesellschaft für den konfessionellen Buchhandel mbH

Siegfried Korzonnek

Robinson-Geschichten

Wie ein einfältiger Mann mit der Bibel die Welt eroberte

Concept Leben
Werbe- und Einkaufsgesellschaft für den konfessionellen Buchhandel mbH

Robinson-Geschichten
Wie ein einfältiger Mann mit der Bibel die Welt eroberte

Herausgeber: Concept Leben Werbe- und Einkaufsgesellschaft
für den konfessionellen Buchhandel mbH, 29358 Eicklingen

Lektorat: Leif Korzonnek, Ilona Korzonnek
Satz und Umschlaggestaltung: Leif Korzonnek

Den direkt und indirekt zitierten Bibeltexten liegt i. d. R.
die Luther-Übersetzung von 1912 zugrunde. In den anderen
Fällen wurden freie Übersetzungen des Autors verwendet.

Bildnachweis: Cover: Vorderseite: © 4FR – istockphoto.com;
Rückseite: © Passakorn_14 – istockphoto.com

ISBN 978-3-944337-20-3

Bestell-Nr. 662843

Ich danke meiner Frau Ilona
und meinen beiden Kindern Leif und Inja
für ihre tatkräftige Unterstützung.

»The lack of knowledge keeps us from the promised land.«

»Fehlende Erkenntnis verhindert den Eintritt ins verheißene Land.«

Mark Morozov in »The Joy of Suffering«

Widmung

Dieses Buch widme ich zuallererst meinem lieben Nachbarn Heinrich Mohwinkel, der für mich ein wahrer Mann Gottes war und dessen Gegenwart stets dafür sorgte, dass ich Gott nicht entfliehen konnte. Des Weiteren widme ich dieses Buch Harald Lenzen, der mich während meiner Konfirmandenzeit in den Jahren 1969 bis 1971 begleitete und mir Jesus lieb und wichtig machte. Und ich widme es Werner Meier, der in mir während einer Konfirmandenfreizeit in Bad Salzuflen im Jahre 1970 die Sehnsucht erweckte, Jesus Christus persönlich kennenzulernen. Zusätzlich widme ich dieses Buch den Evangelisten Klaus Vollmer, Klaus Eickhoff, Eckhard Krause und Günter Tesch, die in mir von 1970 bis 1976 die Sehnsucht nach Jesus wachhielten und mir den Weg zu Ihm erklärten. Und dann widme ich es Manfred Röseler, der mit dazu beitrug, dass ich Jesus am 2. April 1976 zum Herrn meines Lebens machen durfte.

Siegfried Korzonnek

Ein Vorwort

Während des Verfassens dieses Buches habe ich zwei Personengruppen vor Augen gehabt: zunächst die, die mit Jesus unterwegs sind, weil sie bereits eine persönliche Hingabe an Jesus vollzogen haben und nun im Glauben an Ihn stehen. Ich habe es aber auch für die geschrieben, die selbst noch auf der Suche nach dem Heil in Jesus Christus sind. Ich bin mir gewiss, dass die vorliegenden Geschichten denen, die sich zwar nach voller Glaubensgewissheit sehnen, aber noch unsicher sind, eine Hilfe sein werden, in die herrliche Gewissheit der Gemeinschaft mit Jesus Christus zu kommen.

Ich habe mich bemüht, in diesem Buch nur die Dinge niederzuschreiben, die Gott mir aufs Herz legte. Die Zeiten, in denen ich das hier Vorliegende niederschrieb, waren fast ausschließlich Zeiten, denen unmittelbar vorher eine lange und intensive Gebetszeit voranging. Ich wollte nicht nur meine eigenen Gedanken aufschreiben, sondern diejenigen, von denen ich meinte, dass sie eine Botschaft von Gott sein könnten, die Er zuerst mir und dann auch meinen verehrten Lesern mitteilen will. Nach diesen Zeiten des Gebetes bekam ich nicht selten einen Schreibfluss, in dem ich alles niederzuschreiben versuchte, was in meinen Geist kam.

Die meisten dieser Gedanken sind nun in diesem Buch vorzufinden, ohne dass ich sie in ihrem inhaltlichen Kern verändert habe. Ich veröffentliche sie hier so, wie sie mir – wie ich meine – gegeben wurden.

Weil ich viele Sätze in diesem Buch nicht verändern, sondern so weitergeben wollte, wie sie mir kamen, bitte ich Sie, liebe Leserin und lieber Leser, um Nachsicht, was die Verständlichkeit mancher Sätze betrifft. Vielleicht müssen Sie sich auch erst in die gewählte Sprache hineinlesen.

Der geübte Bibelleser wird merken, dass Gedanken und Eindrücke, die der Protagonist namens Robinson erhielt, der Bibel entspringen, die er schlicht sein »BUCH« nennt. Dieser Robinson lebte so sehr im Wort Gottes, dass ihm dieses bei allen Gedanken des Tages stets in den Sinn kam, ja, dass es seine Gedankenwelt und sein Tun aufs Völligste prägte.

All mein Schreiben wird sich mehr als gelohnt haben, wenn das Gelesene nicht nur Ihnen, liebe Leserin und lieber Leser, zum Segen und guten Anstoß wird, sondern wenn daraus eine Bewegung wird, die Wellen schlägt – Wellen, die bis in die Ewigkeit hineinreichen. Mögen wir im Himmel viele finden, die durch Ihren neu gefassten Mut ebenfalls dort sein werden, weil sie durch Sie den Anstoß erhielten, nach Gott zu fragen, sodass sie das Heil in Jesus Christus ersehnten und fanden.

Siegfried Korzonnek

Kapitel 1

»Und Er sprach zu ihnen: Gehet hin in alle Welt und predigt das Evangelium aller Kreatur.«
Markus 16,15

Ich befand mich auf einer weit entfernten Insel. Hier lebte noch nie ein anderer Mensch. Nur mich gab es dort und ein altes BUCH, das ich auf dieser Insel fand.

Als ich begann, jenes BUCH zu lesen, erfuhr ich, dass das BUCH und ich doch nicht allein waren. Es gab Einen, der das alles um mich herum erschaffen hatte, noch bevor ich da war. All das Schöne, das ich sah, all das, was um mich herum war, hatte Er erschaffen. Ich sagte: »DU musst gut sein. Und schön. Und allmächtig.«

Und es war, als hätte ich eine Stimme vernommen: »Ja, es gibt mich. Ich *bin* schön. Und ich liebe das Schöne. Ich habe auch dich geschaffen. Und alles um dich herum habe ich gemacht. Ich bin GUT. Ich bin GOTT, der Allmächtige. Und mir ist nichts unmöglich.«

Und ich erfuhr in jenem BUCH, dass es auch noch andere Menschen gab. Ich las von den ersten Menschen und all den anderen Menschen. Nun las ich das BUCH mit immer größer werdendem Verlangen.

Aber ach … ich las weiter … und ich las: Sie alle waren böse und liefen Gott davon. Die ganze Welt lief von Gott weg. Ein breiter, sehr breiter Weg war zu sehen, auf dem sie alle waren und auf dem sie von Gott wegliefen. Weg … von dem Gott, der sie liebte und sie gemacht hatte.

»Ach, dass Du den Himmel zerrissest und führest herab«, rief ich. »Komm doch herab vom Himmel. Schaff ein Ende der Bosheit Deiner Menschen. Sag Deinen Menschen, dass sie nicht wegzulaufen brauchen, nicht weglaufen sollen von Dir!« Ich konnte kaum meine Tränen verbergen.

Und dann war es mir, als spräche das BUCH, in dem ich nun immer weiterlas: »Ich *habe* den Himmel zerrissen. Ich *bin* heruntergekommen!«

In Windeseile verschlang ich die Worte, die im zweiten Teil des BUCHES nun von dem sprachen, der heruntergekommen war. Und ich erfuhr, dass es der Gottessohn war.

»Ich bin gekommen, zu suchen und zu retten, was verloren ist«, las ich. »Wie sehr muss Gott diese Welt lieben, dass Er Seinen Sohn in sie sandte!«, dachte ich.

»... Petrus, der einfache Fischer; Lukas, der Menschenfreund und Arzt; Matthäus, das Schlitzohr; Paulus, der Hochintellektuelle – waren sie alle verloren? Und hast Du sie alle mit Dir versöhnt? Dann sind sie nun Deine Freunde! Sie alle wurden durch Dich, den Gottessohn, mit Gott wieder versöhnt!«

Und dann las ich weiter: Gott will, dass *alle* Menschen die Wahrheit erkennen und zu Ihm zurückkommen.

»Also auch *ich*! Auch ich möchte die Wahrheit erkennen. Auch ich möchte zurück zu Gott!«, rief ich ganz laut in den Himmel hinein. Niederkniend rief ich zu dem Gott, von dem ich in jenem BUCH erfuhr: »*Ich* will nicht fortlaufen von Dir. Zieh mich zu Dir. Rette auch mich und lass mich DEINE Wahrheit erkennen.«

Kaum ausgesprochen, vernahm ich eine Stimme. Sie antwortete: »Als du dich demütigtest und dich hinknietest und mich batest, dir zu vergeben und dich zu retten, da habe ich dich erhört. Ich nahm deine Sünden von dir und versetzte dich im selben Augenblick in mein Reich.«

Sodann rief ich mit lauter Stimme: »Und die anderen Menschen?! Die anderen Menschen, die auf den anderen Inseln, auf den fünf großen Inseln und den vielen anderen kleinen Inseln!« Denn ein Bild, auf dem alle Teile der Erde abgebildet waren, war in meinem BUCH zu finden. Jenes Bild der Erde betrachtete ich für lange Zeit.

»Dich will ich senden! In diese Welt. Zu den Menschen dieser Welt! Sie alle sollen mich erkennen und zurückkommen zu mir. Ich will sie erneuern und sie in meinen ewigen Himmel bringen – wie dich!«

»Aber wie? Wie soll ich hinkommen zu all den Vielen, zu den vielen Menschen?«

»Hast du nicht selbst gelesen in dem BUCH, das du in deinen Händen hältst und gerade liest, dass ich der *Allmächtige* bin? Was siehst du zu deiner Rechten auf dich zukommen?«

»Ein großes Schiff!«

»Das wird dich hinbringen, wohin ich dich senden will.«

»Wer wird all das bezahlen, die Fahrt mit dem Schiff …?«

»Mein ist Silber und Gold. Mir gehören die Tiere auf dem Feld. Und alle Schiffe auf dem Meer müssen tun, was ich sie zu tun heiße.«

»Aber ich kann nicht gut reden: Die Menschen werden mich nicht verstehen auf den fünf großen Inseln und den vielen kleinen.«

»Wer ist es, der dem Menschen die Zunge gab?«

»Und ich bin schwach. Das alles wird mir zu viel.«

»... die auf den HERRN harren, kriegen neue Kraft, dass sie auffahren mit Flügeln wie Adler, dass sie laufen und nicht matt werden, dass sie wandeln und nicht müde werden. Darum gehe du hin in alle Welt und verkündige meine Worte aller Kreatur, und siehe, ich bin bei dir alle Tage bis an das äußerste Ende der Welt und bis an das Ende dieser Weltzeit.«

Kapitel 2

»Wenn des Menschen Sohn kommen wird, meinst du, dass er auch werde Glauben finden auf Erden?«
Lukas 18,8

Das war es, was ich erlebte, nachdem ich viele Jahre auf der Insel zugebracht hatte. Und nun, gleich nachdem das Schiff, das mich aufnehmen sollte, geankert hatte, bestieg ich es. Und sogleich setzte es sich in Bewegung, und ich sah, wie sich die Insel langsam von mir entfernte.

Und während ich noch zur Insel schaute, die ich gerade verlassen hatte, kamen mir sonderbare Gedanken in den Sinn. Ich dachte daran, wie dieses BUCH in meine Hände gelang, und was ich alles darin entdeckte. Denn ich las viel in diesem interessanten BUCH, sehr viel. An manchen Tagen waren es hundert Seiten oder noch mehr. Ich las so viel darin, dass es nach 28 Jahren völlig aus dem Leim gegangen war und nur noch aus einzelnen Blättern bestand. Ich führte genau Buch. Bei jedem Neuanfang des Durchlesens dieses kostbaren BUCHES machte ich einen Strich auf der ersten Seite meines BUCHES. Und nach fast drei Jahrzehnten machte ich den 82. Strich. Und je mehr ich darin las, desto mehr kam ich ins Staunen. Und ich begann mich zu fragen, ob ich je auch nur einem zweiten Menschen begegnet war, der ebenfalls solch ein interessantes Buch in der Hand gehabt haben könnte wie mein BUCH. Ich dachte, es kann nicht so gewesen sein. Könnte außer mir je ein anderer Mensch solch ein Buch gefunden und gelesen haben?

Ich versuchte, mich an die frühere Zeit vor meiner Verschlagenheit auf die Insel zu erinnern. Und mir fiel auf, dass so wenig von dem, was ich an herrlichen Dingen in diesem BUCH las, bei den anderen Menschen wiederzuerkennen war. Zumindest hatte ich den Eindruck, dass bei keinem von den Menschen vor meiner Ankunft auf jene verlassene Insel – sollte vielleicht doch je ein Mensch dieses BUCH ebenfalls gefunden und darin gelesen haben – das Lesen dieses BUCHES nennenswerte Auswirkungen gehabt hatte. Hätten sie, wenn sie dieses BUCH auch in die Hände bekommen hätten, und wenn sie es wirklich gelesen hätten, nicht auch die vielen Wunder erleben müssen, von denen in diesem BUCH geschrieben stand? Und wäre die Welt, in der wir leben, nicht eine völlig andere, wenn es wirklich noch mehr Menschen gäbe, die all das, was ich las, wirklich geglaubt hätten?

Aber doch! Es muss so gewesen sein, dass auch andere Menschen vor mir solch ein Buch schon gelesen haben müssen: Ganz langsam, während die Insel in der Ferne verschwand, kamen mir wieder Erinnerungen hervor, die irgendwo in meinen Gedächtnisgrüften verschwunden gewesen sein mussten. Und jetzt noch, während ich dieses hier zu Papier bringe, weiß ich, dass es vor meiner Verschlagenheit auf jene Insel Begegnungen mit Menschen gab, die schon Jahrzehnte her sein mussten. Aber ja! Jetzt, wo ich dieses niederschreibe, kommt alles wieder zum Vorschein. Und mir ist nun, als wäre es gestern gewesen.

Schon einmal war ich solchen begegnet, die wohl das gleiche Buch in den Händen hielten wie ich – ein Buch wie »mein BUCH«. Es waren damals sogar mehrere Menschen, denen ich zugleich begegnet war. Es war eine ganze Versammlung fast zum Verwechseln ähnlich aussehender Leute. Sie sangen Lieder. Aus einem Buch, das ähnlich aussah wie mein BUCH: schwarz und mit einem Band als Lesezeichen. Das Buch war nur etwas kleiner als mein BUCH, das ich auf der Insel gefunden hatte.

Und da war ein Mann, der trat vor die Versammlung. Er stand vor ihnen und hielt ein großes Buch in seinen Händen. Und sogleich holte die Versammlung ein Buch hervor, ein anderes als das, welches sie beim Singen hatten. Und er, der Mann, lobte den Inhalt dieses Buches, auf welchem zu lesen war: »BIBEL«. Auch auf den Büchern, welche die Versammlung soeben hervorgeholt hatte, konnte ich nun dieses Wort lesen, und auf manchen anderen die Worte: »HEILIGE SCHRIFT«.

Der Mann, der vor jener Menschenansammlung stand, und der nun das große Buch aufgeschlagen hatte, als wolle er daraus lesen, dieser Mann sagte den anderen, wie glücklich sie doch seien, dieses Buch zu besitzen. Und jetzt zitierte er Worte aus diesem Buch – so erinnere ich mich nun sehr deutlich. Es waren Worte, die davon erzählten, was der Gottessohn in den Tagen tat, als er noch unter den Menschen wandelte. Und er sprach auch von den Aposteln. Ich selbst saß damals in der letzten Reihe und wurde immer mehr in den Himmel erhoben, ähnlich wie der Mann, der vor der Menge sprach.

»Ich will euch nun etwas sagen«, rief der Mann mit Pathos vermischter Stimme in die Menge. »Ich will euch sagen, dass ich so gerne dabei gewesen wäre, als Jesus, der Sohn Gottes, auf der Erde wandelte. So gerne wäre ich Petrus gewesen, in dessen Boot Jesus gestiegen war – o welch großer Tag, als dies geschah. Wie sehr wünschte ich, Johannes gewesen zu sein, der sich an Jesu Brust lehnte. Wie oft denke ich: Wäre ich doch Saulus gewesen, der während des Rittes nach Damaskus das Licht unseres Heilandes sah, auf die Erde fiel und Seine Stimme hörte. Wie selig wäre ich, könnte ich dabei gewesen sein, als Jesus die großen Wunder tat: wie der Herr die Fünftausend mit ein paar Broten und Fischen sättigte, die Schwiegermutter des Petrus heilte und die Tochter des Jairus. Wie Jesus den Jüngling zu Nain und den Bruder der Martha und der Maria vom Tode zum Leben erweckte. Wie sehr wäre ich bereit gewesen, ein Gelähmter zu sein, nur um von den Vieren zu dem Heiland getragen, durch das Dach an Seilen heruntergelassen zu werden und ganz vor Jesu Füßen zu liegen, um dann von diesem, aus dem Munde des Heilandes selbst, die Worte zu vernehmen: *›Dir sind deine Sünden vergeben!‹* – und dann: *›Steh auf, nimm dein Bett auf und geh!‹* Wie war es doch, als die Siebzig auf Jesu Geheiß hinausgingen und dasselbe vollbrachten, wie ihr Herr es tat. Wie gewaltig war es, als nach der Auferstehung Jesu Petrus einen Bettler irgendwo sitzen sah und zu ihm sprach: *›Gold und Silber habe ich nicht – aber was ich habe, das gebe ich dir: Im Namen Jesu, steh auf und wandle umher!‹* Ja, wäre ich in der Haut des Paulus gewesen, der, Jahre nachdem Jesus längst wieder gen Himmel gefahren war, nach der Himmelfahrt und nach Pfingsten, das Evangelium verkündigte – nicht wie die anderen Schriftgelehrten und Pharisäer. Nein, in mächtiger Kraft, in Erweisung von Zeichen und Wundern, wie er in einem der Briefe schrieb. Der Gottes Wunder auf jenem Schiff beim Seesturm erlebte. Der erlebte, dass ihn das Gift der Schlange, die ihn biss, nicht zu Tode brachte. Ich frage euch: Ist das … ist das nicht auch euer Verlangen?!«

Die Spannung war kaum zu ertragen. Und ich dachte an die Menschen da draußen, die nicht in diesem Raum dabei waren. All die Menschen in ihren Häusern, und jene, die auf den Straßen umherwandelten. Sollten nicht auch diese hören, was der Mann sagte? Ich sah im Geiste, wie die Tür unseres Saales geöffnet wurde, und wie die versammelte Menge, vereint wie ein Siegeszug, hinausging auf die Straßen und in die Häuser, um den Menschen die herrlichen Worte zu sagen, die sie gehört hatten. Ich sah, wie die Menschen, die diese Worte von ihnen hörten, geheilt wurden von ihren Plagen und befreit von ihren Bedrückungen. All das Herrliche, was die Menge gehört hatte, würde sich in der ganzen Gegend verbreiten, und die dunklen Wolken über den Häusern würden aufbrechen, um dem Lichtglanz Gottes Raum zu geben.

Darum erwartete ich wie aus einem großen Chor ein Siegesgeschrei all derer, die im Raum saßen – ein gewaltiges und einmütiges »Jaaaaa!!! Das wollen wir auch!!« Ich kann sagen, solch eine freudige Erwartung hatte ich vorher noch nicht gehabt. Ich kann mich auch nicht daran erinnern, so bereit gewesen zu sein wie zu jener Stunde, als der Mann vor die versammelte Menge trat und seinen Mund auftat.

Aber dann, auf einmal, nachdem dieser Mann all diese Worte gesprochen hatte, geschah etwas, was ich nicht erklären kann: »Liebe Geschwister«, setzte der Redner nun an, »ich muss euch etwas sagen. Es gibt etwas, das ihr wissen müsst.« Ich sah, wie sich das Gesicht dieses Mannes, augenblicklich verfinsterte, und jener Glanz schwand aus dem Gesicht des Mannes, der vor der Menschenmenge stand. Und auch die Stimme dieses Mannes war, als würde sie aus ihrer begeisterten Höhenlage in die Tiefe stürzen.

Noch gebannt von der Herrlichkeit seiner eben gesprochenen Worte, in himmlische Sphären versetzt, senkten sich in demselben Augenblick, wie es beim Redner geschah, der von dem HERRLICHEN berichtete, die Gesichtszüge sämtlicher Hörer im Bruchteil eines Augenblickes. (Ich saß zwar in der letzten Reihe, aber ich konnte doch die Gesichter einiger Zuhörer genau beobachten.)

Die Spannung stieg nun ins Unerträgliche. Was würde jetzt geschehen?! Es war so still geworden, dass ich es hätte hören können, wenn eine Haarnadel einer der anwesenden Hörerinnen auf den Filzboden gefallen wäre.

Ich sah, wie der Mann das große schwarze Buch, welches er während seiner Worte in den Händen hielt, zur Seite legte und nun ein anderes, mir sehr viel dünner erscheinendes Buch hervorholte. Es sah schon ziemlich zerlesen aus. Er schlug es auf, und begann daraus zu zitieren.

Ich horchte gespannt den Worten. Während er las, spürte ich, wie meine Gliedmaßen erkalteten, und meine Kehle schnürte sich allmählich zu. Mir war, als würde der Boden sich unter meinen Füßen heben und die Decke sich über meinem Kopf senken, so als ob sich der Raum verkleinern wollte. Auch erschien mir der Raum dunkler als zuvor.

Als er zu Ende gelesen hatte, begann er wieder zu reden: »Es gibt etwas, das ihr wissen müsst, wenn ihr *die Schrift* lest.« Und er begann zu erklären: »Was wir in den Evangelien und in der Apostelgeschichte lesen, das ist durchaus lehrreich und schön. Für uns aber hat es eine rein *geschicht-*

liche Bedeutung. Das meiste davon können wir heute nicht mehr umsetzen.«

Mit diesen Worten entließ der Mann nun seine Hörer, damit sie nach Hause gehen konnten. Nein, bevor er sie nach Hause schickte, lud er sie noch ein, in der nächsten Woche wiederzukommen.

Die Tür ging auf, aber kein Siegeszug strömte durch sie hinaus. In meinen Augen glich es vielmehr einem Trauerzug. Mit betretener Miene verließ die Menge den Raum, und die Versammlung löste sich allmählich auf. Jeder ging seines Weges, jeder in sein Haus. So, als wäre dieser Tag ein Tag wie jeder andere.

Kapitel 3

Die Erinnerung an diesen Tag und an all das, was an diesem Tag geschehen war, wurde – wohl zu meinem großen Glück und wohl auch zu meiner Bewahrung – erst wieder lebendig, als ich die Insel verließ.

Ich möchte vorwegsagen, dass ich auch später wieder, nachdem ich die Insel verlassen hatte, hin und wieder ähnliche Zusammenkünfte erlebte, in denen – ich muss es so sagen – mehr Unglauben als Glauben an die Worte meines BUCHES ausgestreut wurde.

Doch während meiner Zeit auf der Insel hatten diese Erlebnisse keine Bedeutung für mich gehabt. Ich hatte keine Erinnerung daran, dass es jemanden gegeben hätte, der mir erzählen könnte, dass irgendetwas, was ich in meinem BUCH las, nicht möglich sei – oder genauer gesagt: *nicht mehr* möglich sei.

Ich hatte inzwischen auch schon zu viel mit Gott erlebt. Darum wusste ich, dass es Ihn nicht nur gibt, nein, sondern dass Er ein lebendiger Gott ist, der sich seit den Tagen der Schöpfung nicht zurückgezogen hat. Und dass Er das, was Er früher tat, auch heute noch tun kann. Dass all das, wovon ich in meinem BUCH las, auch heute erfahrbar ist.

Wozu denn sonst hatte Gott dafür gesorgt, dass dies alles in meinem BUCH steht? Warum brachte Gott die vier Schreiber des Evangeliums dazu, Jesus so zu beschreiben, wie Er war? Warum las ich so viel von den Wundern, die Er vollbrachte? Mir war klar, dass all das geschrieben steht, damit wir an den, an genau diesen Jesus glauben – und zwar an denselben, der in meinem BUCH beschrieben wurde.

Aber wie sehr musste ich später noch erleben, dass man in manchen Zusammenkünften »einen anderen Jesus« predigte. Einen anderen Jesus, als den, den die vier Schreiber des Evangeliums, Matthäus, Markus, Lukas und Johannes, beschrieben. Einen anderen Jesus als den, der in der Apostelgeschichte beschrieben wurde. Nicht den, der genau das an Seinen Nachfolgern wahr werden ließ, was Er ihnen verhieß, als sie noch lebten: dieselbe Vollmacht, die Er, die Jesus, von Gott erhalten hatte. Denn wie anders sollte wahr werden, was Jesus sagte: »Wie mich, genauso wie mich mein Vater sandte, so, *so* sende ich euch«?! Wie anders hätte es wahr werden können, dass nicht nur Israel, sondern alle Welt je Sein Wort hört?! Wenn nämlich die, die Er hinausgesandt hat, nicht ausgerüstet wären mit *derselben* Kraft und Vollmacht wie Er! Das alles, dachte ich, muss doch möglich sein, wenn der Auferstandene nun in Seinen Nachfolgern lebt!

Und je mehr und je öfter ich darüber nachdachte, desto mehr wurde es mir klar: Das – und genau das, nur das – ist die Erklärung dafür, weshalb das schnelle Wachstum der Gemeinde nach Pfingsten schon bald ins Stocken geriet: Man hatte nicht denselben Jesus gepredigt – nicht den, welchen ich kennengelernt hatte und von dem das BUCH sprach, in dem ich las. Man glaubte zwar auch an einen Jesus, aber nicht an den, von dem ich überzeugt war, dass es Ihn nicht nur vor fast zwei Jahrtausenden gab, sondern der noch jetzt derselbe ist, der Er schon immer war. Und der jetzt noch unter uns wandelt in denen, die Ihn aufgenommen haben.

Meine große Frage, die mich umtrieb, nachdem ich später so viel Unerklärliches und Merkwürdiges in manchen christlichen Gemeinden erleben sollte, meine große Frage war nach langem Überlegen diese:

Warum sollte der heutige Jesus anders sein als der von damals, anders als der, der Er vor fast zwei Jahrtausenden war?

> Vor zwei Jahrtausenden zeigte Er, wie Er ist und schon immer war und immer sein wird.

Wenn Jesus damals vor versammelter Mannschaft, vor Seinen Jüngern, vor den Schriftgelehrten, den Sündern und den Kranken sagte, dass Er sowohl Sünden vergeben als auch heilen kann, dann kann und will Er beides auch heute, dachte ich, weil Er heute derselbe ist wie damals in jenem Hause, als Er das den damals Anwesenden sagte und demonstrierte.

Ich kam nach gründlichen Überlegungen – ja, jetzt muss ich sagen, dass es eigentlich gar nichts groß zu überlegen gab – ich kam zu dem logischen Schluss:

Wenn Jesus damals Sünden vergeben konnte und auch wollte, dann kann und will Er das noch heute. Wenn Jesus damals einen Kranken heilen konnte und auch wollte, dann kann und will Er das auch heute. Wenn Jesus damals Menschen von bösen Geistern befreien konnte, dann kann und will Er das heute immer noch. Und: Wenn Jesus damals Tote zum Leben erweckte, dann kann und will Er genau das auch heute.

Ich fand beim besten Willen keine Begründung dafür, weshalb Jesus das alles heute nicht mehr tun könnte und vor allem auch nicht mehr tun *wollte*.

Meine Gedanken nahmen nun einen weiteren Verlauf, und ich sagte mir: Jesus hat in der kurzen Zeitspanne Seines damaligen Wirkens in Israel nicht gesagt und gezeigt, wer und wie Er später nicht ist und was Er später nicht mehr möchte, sondern wie Er immer ist und was Er immer, zu allen Zeiten, auch außerhalb von Israel, kann und will. Nicht, was Er nicht will, sondern was Er will, das hat Jesus damals ein für alle Mal in Israel der gesamten Welt gezeigt. Und Er sorgte dafür, dass das die Evangelisten später aufschrieben, mit dem Ziel, dass es später die ganze Welt erfahren sollte, wie Er ist und was Er will.

Und ich fasste es für mich noch einmal mit anderen Worten zusammen, damit ich es auch wirklich verstand:

Alles, was die Evangelisten Matthäus, Markus, Lukas und Johannes aufschrieben, das wurde mit dem großen Ziel aufgeschrieben, dass die ganze Welt zu allen Zeiten erfährt, was der ewige Sohn Gottes will. Die ganze Welt soll an den Jesus der Schrift glauben, an den, den die Evangelien beschreiben. Und das alles mit dem Ziel, dass die ganze Welt ebenfalls das erlebt, was die Menschen damals vor fast zwei Jahrtausenden mit und durch Jesus erlebten.

Das – genau das! – war meiner nun gewonnenen Erkenntnis nach die Voraussetzung dafür, dass das in Israel begonnene Werk nun auf dem ganzen Erdenrund weitergeführt und vollendet werden konnte. Was Jesus Seinen damaligen Jüngern sagte und zeigte, das – genau das – wollte Er in den darauffolgenden Zeiten an jedem anderen Ort der Welt tun. Nicht weniger wollte Er. Und nichts weniger konnte Sein Herz zufriedenstellen.

Die Evangelien, die ich in meinem BUCH fand, sie sind der Spiegel der Ewigkeit.

Welch eine Entdeckung war das für mich! Und ich schrieb es in ein kleines Notizbuch hinein, damit ich es niemals vergesse:

»Gott hat uns in dem Jesus, den die Evangelien beschreiben, ein Vorbild gegeben, das für alle Ewigkeit gilt. Er hat uns in den Evangelien gezeigt, was Er für allezeit will. Hier hat Gott uns den Jesus gezeigt, der Er schon *vor* Seinem Kommen in diese Welt gewesen war und der Er immer noch ist, nachdem Er diese Welt verlassen hat.«

Und während ich meine Gedanken in mein Notizbuch niederschrieb und noch weiter in meinem BUCH forschte, merkte ich, wie epochemachend, wie überaus wertvoll die Gedanken waren, die mir beim Nachsinnen kamen, dass nämlich der »Jesus auf Erden« der fleischgewordene Wille Gottes ist, »die Verkörperung des Willens Gottes«. Ich schrieb es noch einmal auf und unterstrich mit meiner Feder dieses:

»In den über 30 Jahren Seines Erdenlebens hat Jesus Gottes ewigen Willen offenbart.«

Für mich gab es nun keinen Zweifel mehr. Die Evangelien haben eine ewige Bedeutung!

Ich konnte mich auf die Worte der Evangelisten verlassen! Und kein Mensch auf Erden konnte mir von nun an diesen Glauben nehmen. Ich konnte nun mit diesem Jesus, der mir in den vier Evangelien Matthäus, Markus, Lukas und Johannes vorgestellt wurde, rechnen und durch die Welt gehen, um so die Welt zu erreichen und die Welt für Gott zurückzugewinnen. Und das sollte nun die Grundlage sein für mein weiteres Vorgehen.

Würde man an der mir gegebenen Offenbarung rütteln, dann würde man das gesamte Gebäude der Jüngerschaft, ja, das ganze Gebäude des Christentums nicht nur ins Wanken, sondern zum Einsturz bringen. Würde man das, was ich nun glaubte und tat, nicht glauben und tun, dann würde man nichts weiter als eine Ersatz-Religion schaffen, die aber nicht das Evangelium Gottes widerspiegelt, sondern ein »anderes Evangelium«, das gar keines ist. Und würde ich selbst meiner Erkenntnis, obwohl sie wahr ist, nicht glauben, dann hätte ich der Welt etwas vorzuenthalten. Höchstens einen guten Menschen, der für ein paar Jahre in Israel Aufruhr machte, könnte ich der Welt verkünden. Weil aber diese meine Erkenntnis Wahrheit ist, deshalb ist mein Sieg gewiss.

Darum brauche ich mich nicht auf meine kleine Kraft zu verlassen, sondern es ist Jesus, derselbe Jesus, ja, noch mehr, der auferstandene und ebenfalls vom Himmel durch Seinen Geist wirkende Gott, der mich als Wohlgeruch Christi durch diese Welt führt.

Durch mich, in dem Jesus lebt und der ausgerüstet ist mit allen himmlischen Kräften und Gaben, durch mich wird nun Jesus Sein Werk, das Er angefangen hat, weiterführen und vollenden!

Daher kam ja der Name all derer, die Jesus aufgenommen hatten: Christen. Christen sind die, in denen Christus ist, wurde mir klar. Sie sind die Gesalbten des Herrn. Sie sind wie Jesus selber Könige, Priester und Propheten.

Von diesen wollte Jesus so viele wie nur möglich auf dieser Welt haben – als Seine Nachfolger.

Die Grundlage war gelegt, sodass sich der ewige Wille Gottes weiterhin durchsetzen konnte, obgleich Jesus auch die Erde verließe. Denn die ganze Welt sollte und konnte nun erleben, was die Menschen damals am See Genezareth und in dem kleinen Land, das Er damals durchwanderte, erlebten.

Vervielfältigung Jesu! – dachte ich nun. Nein, nicht dass Jesus zerteilt wäre, aber dieses: dass der, der in Israel lebte und nun vom Himmel herrscht und in den Seinen lebt, dass der nun überall gegenwärtig sein konnte: auf allen Erdteilen, in jedem Land, in jeder Stadt, in jedem Dorf. Mit dem einen Ziel: dass diejenigen, die nicht mit einer Zeitmaschine ins Jahr 30 zurückgeschossen werden können ins damalige Israel, dass all die vielen Menschen, dass sie *alle* »Jesus sehen«. In uns. Durch uns. Mit uns. Und dass so Jesus, der niemals nach Kalkutta gekommen war, dass der nun nach Kalkutta kommt und dasselbe tut durch die, in denen Er lebt, und dass die Kalkuttaner den Jesus heute sehen, den die Menschen vor fast 2 000 Jahren in Israel sahen.

Das alles erhöhte nun den Wert all meines Lesens der Evangelien noch mehr. Wie konnte ich noch eine Minute meines Lebens verschwenden, die Buchstaben meines BUCHES, diesen Trunk aus dem Himmel, nicht in mich hineinzusaugen. Und es hatte mich ermutigt, sie nicht nur auswendig zu lernen, wie ich es ja bereits auf meiner Insel tat, sondern diese unendlich kostbaren Worte Gottes in wirklichem Glauben anzunehmen, sodass sie ihre heilbringende Wirkung in meinem eigenen Leben, in Leib, Seele und Geist, entfalten konnten. Jetzt würde ich dieses Heilandswort, ja, Jesus selbst an die Welt erfolgreich weiterreichen können.

Doch genau das war es, das mich so sehr bis zum heutigen Tag nachdenklich stimmte und verwunderte: Auch die, die ich vor 30 Jahren in jener Christenversammlung kennenlernte, auch sie sprachen davon, dass Jesus nun in ihnen lebt. Diese und auch viele andere, die ich später noch kennenlernen sollte und die mein BUCH hochpriesen, all diese waren, wie ich, verliebt in Jesus – wenn man das so sagen darf. Keinen Einzigen unter ihnen fand ich je, der nicht bereit gewesen wäre, zusammen mit Jesus in den Tod zu gehen, wenn es von ihnen gefordert worden wäre. Keiner von ihnen hätte sich vor einem Tribunal von Jesus losgesagt. Sie alle waren ihrem Herrn treu ergeben. Es wäre für sie undenkbar gewesen, demjenigen, der für ihre Sünden gestorben war, Schande zu bereiten.

Aber irgendwie … irgendwie waren viele von diesen lieben Leuten anders als ich. Irgendetwas muss viele von diesen Freunden Jesu dazu gebracht haben, dass sie ihr Buch anders lasen als ich mein BUCH. Glaubten sie an einen »verkürzten Jesus«? Predigten sie einen »eingeschränkten Jesus«? Einen Jesus, den ich beim besten Willen in all den vielen Jahren meines Lesens des BUCHES nicht entdecken konnte! Einen Jesus, der mir fremd war, und den es in Wirklichkeit so nicht geben konnte! Einen Jesus, von dem mein BUCH nichts sagte!

Ja, und noch etwas kam hinzu, das mich später in äußerstes Erstaunen versetzte und in allergrößte Verwunderung brachte: Genau diese waren es, die mir später nicht nur einmal sagten, als sie mit mir stritten, dass ich nicht »schriftgemäß« wäre, wenn ich an den Jesus glaubte, an den ich nun mal glaubte. War denn aber nicht gerade *ich* schriftgemäß, der ich mein BUCH *wörtlich* nahm, so, wie ich es vorgefunden habe?! War ich etwa ein Ketzer und gefährlicher Mann, weil ich in meiner Naivität allem glaubte, was geschrieben stand?! War ich es darum, weil ich das, was ich glaubte, auch *erleben* wollte?

Aber das genau war für mich das Widersprüchliche: dass einige, die Hüter des Wortes sein wollten, wie *ich* es doch im Gegensatz zu ihnen war, dass genau solche mich später manchmal aus ihrer Gemeinschaft exkommunizieren wollten. Und dass diese es waren, die dachten, sie würden Gott einen Gefallen tun, wenn sie mich zum Schweigen brächten.

Aber was sollte ich denn nun tun? Ich wusste, dass man das erleben kann, wovon ich in meinem BUCH las. Ich wusste, dass man die Stimme Jesu auch heute noch hören kann, vielleicht nicht genauso wie es bei Adam und Eva im Paradies war, aber dennoch … Denn ich hatte genau diese Stimme vernommen, nicht nur einmal, sondern immer und immer wieder. Doch wer hört auf sie, wenn man nicht glaubt, dass sie hörbar ist?

Früher war es bei mir nicht der Fall, dass ich die Stimme Gottes hörte. Ich war ja bereits 26 Jahre alt, als ich auf meine Insel verschlagen wurde. Und obwohl ich nicht sagen kann, dass ich je gegen Gott eingestellt war – denn ich gehörte wie die meisten anderen Menschen meines Geburtsortes einer Kirche an, und man hatte mich als kleines Kind getauft – so muss ich dennoch sagen, dass ich zuvor niemals erlebt hatte, dass ich »Gottes Stimme« hörte. Ich glaubte auch gar nicht, dass das für einen Menschen möglich wäre.

Das alles änderte sich jedoch von einem Augenblick zum nächsten.

Ich habe ja erzählt, wie sich vieles, ja, eigentlich alles, in meinem Leben änderte: Es änderte sich von der Sekunde an, als ich Jesus in mein Leben aufnahm. Als ich von Ihm auf meiner Insel durch mein BUCH erfuhr, ließ ich Ihn sofort in mein Leben hinein. Ich hatte nämlich gesagt: »Jesus, komm rein in mein Leben!« Und als ich das sagte, passierte es tatsächlich. Jesus kam in mein Leben hinein. Richtig rein. Jetzt wohnte Jesus nicht nur irgendwo im Himmel und bei Gott, sondern jetzt war Jesus in mir. Leibhaftig. Und wirklich. Durch Seinen Geist.

Ich zittere immer noch, wenn ich darüber nachdenke. Ja, ich glaube, es ist Er, der in mir zittert. Und jedes Mal, wenn Er das tut, dann weiß ich, dass Er da ist. Darum kann mir niemand auf der Welt Jesus wieder rausreden, denn ich habe mir Ihn ja nicht eingeredet, sondern reingelassen. Das ist der große Unterschied!

Aber noch etwas muss ich hier sagen: die Sache mit dem Zittern. Ich hatte ja gerade eben gesagt, dass ich dann genau weiß, dass Jesus da ist, wenn ich zittere. Das ist eigentlich nicht ganz richtig. Denn heute, nach so vielen Jahren meines Lesens in dem BUCH und nach so vielen Jahren meiner Freundschaft mit Jesus weiß ich, dass Jesus auch dann da ist und dass Er in mir lebt, wenn ich nicht viel oder manchmal sogar gar nichts von Ihm fühle. Ich verlasse mich in solchen Fällen einfach stur auf das Wort Gottes, in dem es heißt: »Die Ihn aufnahmen, die machte Er zu Kindern Gottes.« Wenn ich mir das wieder bewusst mache, dann kommen oft – oder zumindest manchmal – wieder die Gefühle. Zuerst mache ich mir klar, wie es wirklich so ist, dass nämlich ich Sein geliebtes Kind bin, seitdem ich Ihn aufgenommen habe. Und nur deshalb, weil das so ist, kann ich fröhlich meinen Herrn loben, auch wenn meine Gedanken mir sagen, Er sei nicht da. »Ha«, sage ich dann, »Er ist da!« Und dann, weil ich mir und dem Teufel sage, was ich glaube, dann kommen nicht selten die Gefühle.

Ich lernte sehr schnell, dass ich »im Glauben« leben muss und meine Gefühle manchmal nur »das Klavier des Teufels« sind, durch das der Teufel versucht, mich zu verunsichern.

Jetzt lebte Jesus, der »neue Adam« in mir – der neue und gelungene Adam!

Das ist der Grund, weshalb ich eine neue Kreatur wurde. Nicht weil ich an mir herumgebastelt hatte, sondern weil Er in mich einkehrte. Ich wurde von neuem geboren. Ich bekam ein neues Leben. Das Leben aus Gott. Denn Christus, Gott, war nun in mir.

Was das nun bedeutete, das wurde mir schnell klar: Wenn Jesus, der neue Menschentyp, nun in mir lebte, dann hatte ich dadurch das Leben, das Er ist und hat. Er wurde zu meinem Teil. Noch mehr: Ich wurde wie Er! Jetzt ist nicht nur Jesus der Gesalbte, sondern auch ich bin ein Gesalbter, und das, weil der Gesalbte in mir ist.

Das war es, was Gott immer wollte: den vollkommenen Menschen, einen vollkommenen Adam. Eine vollkommene, eine heile Menschenrasse. Genau diesen neuen Menschenstamm hat Gott durch Christus geschaffen. Der Erstling ist Jesus. Und die, in denen Er lebt, gehören durch Ihn zu dieser neuen Menschenrasse.

Weil »Christus in mir« ist und dadurch »ich in Ihm«, deshalb gehöre ich zu dem neuen Menschenstamm. Damit habe ich nun alles, was Er ist und was Er hat und was Er kann.

All meine bisherigen Bemühungen, etwas Gutes aus mir zu machen, all meine eigenen Versuche, mich zu verändern, brauchte ich nun nicht mehr zu verfolgen. Nachdem mir klar wurde, was mit mir geschehen war, erachtete ich all das für Dreck.

Denn ich las in meinem BUCH, dass all meine eigene Gerechtigkeit wie ein beschmutztes Kleid war vor Gott. Wie konnte und sollte ich da noch aufwarten vor Ihm mit meinem Käse.

Ich war nun, weil Er in mir lebte, ich war nun – wie Er. Durfte ich das so sagen? War das eine Gotteslästerung? Das warfen mir manche später vor. Aber war es das wirklich, eine Gotteslästerung? Oder war das nicht Gottes großes Ziel mit mir – und eigentlich mit der ganzen Menschheit: zu sein wie Er?! Wie Jesus. Wie Er, der »gelungene Mensch«!

In diese Gedanken und in diese »neue Welt« musste ich mich zu Beginn natürlich erst einmal einarbeiten. Aber je mehr ich mich damit beschäftigte und das Erkannte zu meinem Eigen machte, bekam ich geübte Sinne und ließ mich mehr und mehr nicht umhertreiben von jeglicher anderweitigen Lehre.

Die Erkenntnis, dass ich wie Jesus nun auch ein Gesalbter des Herrn war, weil Er in mir war, die war mehr als phänomenal! Denn jetzt – mit diesem Glauben und dieser Erfahrung – konnte Jesus das durch mich weiterführen, was Er durch mich von Anfang an durchführen wollte und was

Er mir durch Seinen Geist in meinen Geist von Anbeginn hineingepflanzt hatte. Er konnte nun das bis zu den Enden aller Tage dieser Welt und bis zu den äußersten Enden der Erde durchführen, was Er durchführen wollte!

Jetzt hatte ich ihn in meiner Hand: den Schlüssel zum Erfolg. Und die Berechtigung zu glauben, dass Gott zu dem Ziel kommen würde, das Er sich für mich und für diese Welt gesetzt hatte: das große Ziel, dass jede Sprache, dass jeder Stamm auf dieser Erde das Evangelium hören könne und dass aus jeder Sprache und aus jedem Stamm dieser Erde einst Bewohner des Himmels werden sollten.

Nicht durch Macht oder Kraft eines Menschen könnte das je geschehen. Aber durch Seinen Geist.

In meinem Kopf und in meinem Herzen wusste ich es jetzt.

Aber wie ... wie sollte es nun praktisch geschehen? Wie sollte Gott es schaffen, dass Er durch mich und die vielen anderen Kinder Gottes tut, was Sein Geist begehrt und wonach Sein Geist strebt?!

Kapitel 4

Ich war nun weitergegangen und in das Innere des Schiffes gelangt.

In was für eine Welt war ich da aber nun hineingeraten!

Kein Schiff, wie ich es erwartet hatte, in das man die Passagiere irgendwie hineinpfercht, sondern große, riesig anmutende Räume sah ich – Räume, wie viele nebeneinander zusammengebaute Häuser einer ganzen Stadt, kamen mir entgegen. Ganze Kaufhäuser, große Räume, in denen Hunderte essen konnten, Tanzsäle … und zwei große, blaue Kuhlen auf dem Deck, die mit großen Wassermengen gefüllt waren, in denen viele Gäste herumtollten und sich vergnügten.

Und dann wurde ich in einen noch schöneren Raum geführt.

»Das ist Ihr Reich – es gehört ganz allein Ihnen. Es ist das beste Zimmer unseres Schiffes«, sagte mir ein in Uniform-mäßiger Kleidung gehüllter, sehr, sehr freundlicher und zuvorkommender Mann, mit etwas dunklerer Haut als meine und mit fast schwarzen, glänzenden Haaren, die so lang waren, dass sie am Hinterkopf zu einem kleinen, aber doch deutlich sichtbaren Knoten zusammengebunden waren. Der Mann musste aus Indien oder einem anderen, angrenzenden Land stammen. Aber er sprach in meiner Sprache, sodass ich ihn verstehen konnte – mit einem Dialekt, den ich merkwürdigerweise aus einer bestimmten Region meines eigenen Landes kannte.

»Wie schön bist Du, Gott!«, sagte ich, nachdem der Mann

gegangen war und ich das große Zimmer, das nun »mein Reich« war, für lange Zeit genauestens begutachtet hatte. Ich wusste ja, dass all das der »Schöne« gemacht hatte, oder zumindest hatte Gott hochintelligente Geschöpfe hervorgebracht, die all das hier gemacht hatten.

Und es war mir plötzlich, als vernähme ich nach einiger Zeit wieder die Stimme, die mich ja auf dieses Schiff geführt hatte: *»Es ist niemand, so er verlässt Haus oder Brüder oder Schwestern oder Mutter oder Weib oder Kinder oder Äcker um meinetwillen und um des Evangeliums willen, der nicht hundertfältig empfange jetzt in dieser Zeit Häuser und Brüder und Schwestern und Mütter und Kinder und Äcker ...«*

Wie anders klangen diese mir längst bekannten Worte nun, da ich auf meiner Bettkante saß und diese Worte jetzt vernahm, wie ganz anders als das, was ich – jetzt erinnere ich mich wieder dunkel an jene Christenversammlung vor 30 Jahren – wie ganz anders war es als das, was ich damals hörte: als sei Gott nun nicht mehr derselbe wie damals, als alles in meinem BUCH niedergeschrieben wurde. Als habe sich der »Schöne« schlafen gelegt und wache erst wieder auf, wenn diese Weltzeit zu Ende sei und eine neue Zeit begonnen habe.

Galt das alles, was ich von Gott vernahm und in meinem BUCH las, nicht für heute, für jetzt? Ja! Für wen und für wann denn sonst war mein BUCH geschrieben worden, wenn nicht für mich und für heute?

Ich musste plötzlich an all die anderen Menschen denken, denen ich hier auf dem großen Schiff bereits begegnet war: die Leute, die an den Tresen standen und kubanische

Zigarrenkisten oder Flaschen schottischen Whiskys kauften, und die Verkäufer, die den Leuten halfen, die passende Währung in ihren Geldbeuteln zu finden.

Und was war mit all den anderen: die in den zwei großen, blau angemalten Kuhlen voller Wasser herumtollten? Die fein gekleideten Frauen und die herausgeputzten Männer, in Smoking-ähnlichen Anzügen gekleidet, die ich in den großen Essräumen erblickt hatte.

Gab es hier auf dem ganzen Schiff wohl auch nur einen einzigen Menschen, der je solch ein Buch, wie ich es besaß, in die Hände bekommen und darin gelesen hatte?

Für einen kurzen Augenblick war es mir – ich saß immer noch auf meiner Bettkante –, als wäre mir schummrig vor Augen, und ich dachte: Bin ich nicht doch etwa der Einzige von all den Leuten hier, der dieses BUCH gefunden hat?

Ein Schaudern überkam mich!

Was, wenn ich wirklich der Einzige unter all diesen vielen Menschen wäre, der je dieses BUCH gelesen hätte? Was, wenn ich der Einzige wäre, der je von diesem herrlichen Heiland erfahren hätte? Was, wenn ich der Einzige wäre, der Seine Stimme je gehört und vernommen hätte? Was, wenn ich der Einzige wäre auf Erden – und der Einzige auf diesem Schiff –, der noch Zugang hätte zu diesem wunderbaren Schöpfer? Der Einzige, der nun der Freund war des Schöpfers?

Ich blätterte wieder in meinem BUCH und las diese Worte: »*Wenn wir schweigen und warten, bis es heller Morgen wird, so wird uns Strafe treffen*« (2. Könige 7,9). – »Was denn verschweigen?«, wollte ich wissen, nachdem mir dieser Satz in die Augen sprang. Ich wollte es unbedingt wissen. Und so las ich die ganze Geschichte – von Anfang an.

»... wird uns Strafe treffen«, wenn wir den anderen nicht sagen, dass es Speise zur Rettung gibt.

Es war nämlich so: Eine ganze Stadt war zur Zeit des Propheten Elisa belagert und ausgehungert worden. Aber Gott hatte all das mitbekommen und die Feinde Israels in Panik versetzt. Fluchtartig hatten die Belagerer Samarias alles verlassen: Die erstklassigen Rüstungen sämtlicher Soldaten und all ihre gute Verpflegung – all das hatten sie einfach vor den Toren der Stadt liegengelassen.

Die in der Stadt Eingeschlossenen hatten von all dem nichts bemerkt. Und die meisten waren dabei, schon sehr bald des Hungertodes zu sterben. Die Einzigen, die die plötzliche Flucht der Belagerer mitbekommen hatten, waren vier Männer, die die Stadt nicht betreten durften, weil sie Aussätzige waren. Ausgerechnet diese »Elenden« waren es, die jetzt vor ihren Augen all das sahen: bergeweise Speisen, durch die ihre ganze Stadt gerettet werden könnte.

Was wäre wohl geschehen, dachte ich, wenn diese, die als Erste von Gottes wunderbarer Rettung erfuhren, wenn sie all das, was sie »gefunden« hatten – den ganzen »Reichtum« – für sich allein behalten hätten? Wenn sie den anderen nicht gesagt hätten, dass genügend »Speise« da ist, die vor dem Tode rettet. Die Vier wären an Überfresserei gestorben! Ihr Magen wäre geplatzt, während die anderen verhungert wären.

Und die ganze Ausrüstung, die sie vor der Stadt gefunden hatten! Die brauchten sie nur aufzuheben und zu »benutzen«.

Welche Reichtümer hatten diese Vier jetzt!

Beim Nachsinnen über das wurde mir plötzlich klar, was wohl mit den »Reichtümern Christi« gemeint sein könnte, von denen mein BUCH berichtete.

Und ich?

Wie sollte ich nun all den Vielen, die nichts wussten von dem Gott, der sich nach ihnen sehnt und den sie alle nicht kannten – wie sollte ich all den Vielen beweisen, dass es einen Gott gibt? Dass Er nicht eine leblose Figur ist, dass Er nicht nur ein stummer Götze ist, sondern DERSELBE, der Er damals war, in der Zeit, von der mein BUCH berichtet. Der dasselbe auch heute tun kann, was Er damals tat, als Er – zusammen mit Petrus und Johannes und den anderen – in Israel lebte.

Das *Wort* in meinem BUCH, so dachte ich, will mich nicht, wie einige Leute später mir gegenüber meinten, wegführen von dem, was Jesus tat, sondern das *Wort* will mich genau hinführen zu dem Jesus, der Er vor fast 2000 Jahren war. Das war und ist das Ziel des Wortes Gottes.

Und wieder überkam mich ein gewaltiges Schaudern, als ich darüber nachdachte und mir dies klar wurde.

Ach, Brüder! Ach, Schwestern!

Und jetzt musste ich wieder an die Menschen denken, von denen ich erzählt habe. An all die lieben Leute, die jenem Prediger zuhörten. An all jene, die das auch alles erleben wollten, wonach sich auch der Prediger, der an jenem Sonntag vor ihnen stand, eigentlich sehnte, die aber allesamt weggeführt wurden durch das, was in jenem zerfledderten Buch stand, das »ein anderes Evangelium« verkündigte als mein BUCH. Hätte doch der Prediger niemals dieses kleine Buch gekauft und gelesen! Und hätte er es, wenn er schon selbst dadurch irregeführt war – hätte er diese todbringenden Gedanken doch nur nicht auch an die anderen weitergegeben!

Wie dicht waren all diese Geschwister dran an der Wahrheit und an dem Erleben all dessen, was der Prediger am Anfang sagte. *»Das Wort ist dir nahe ...«* Das stand doch auch in meinem BUCH! Sie hätten es nur zu glauben brauchen, und all das, was sie lasen, das hätte ihr Leben verändern können.

»... aber das Wort der Predigt half jenen nichts, da nicht glaubten die, so es hörten.«

»Wie schrecklich! Wie schrecklich!«, rief ich aus.

Sie waren so dicht an der Wahrheit – und hatten sie doch nie erlebt!

Glaubten sie denn dem kleinen zerfledderten Buch mehr als dem großen Buch, auf dem die Worte standen: »BIBEL« oder »HEILIGE SCHRIFT«?

Für die Juden war es zur irdischen Zeit von Jesus notwendig, dass Er durch Seine Werke bewies, der Messias zu sein.

Waren für viele Menschen »Beweise« nicht auch heute vonnöten – für die vielen Menschen von heute – sodass auch sie »kommen und sehen«?

Wenn doch Juden, die zur irdischen Zeit von Jesus lebten und mehr von Gott wussten als die Menschen heute, wenn die einen Beweis brauchten und Jesus ihnen den gab, um zu zeigen, dass Er der Messias ist – wie viel mehr brauchten es all diese Leute, die ich auf diesem Schiff hier fand, all die vielen Menschen, die überhaupt nichts wussten von einem lebendigen Gott. Wäre für die nicht ein Zeichen hilfreich? Mir wurde klar: Diese Leute hier würden vielleicht eher glauben als viele andere, die zwar an Gott glauben, aber durch ihren Unglauben verstockt sind – wie Jesu eigene Vaterstadt nicht Seinen Werken glaubte und deshalb der Verdammnis anheimfiel.

Kapitel 5

Inzwischen waren schon viele Stunden vergangen, seitdem ich jene Insel verlassen hatte und ich mich auf dem großen Schiff befand.

»Monsieur! – Monsieur!«

Ich vernahm diese Worte nur sehr leise, und das erste Mal fast gar nicht. Erst das zweite »Monsieur« holte mich allmählich aus dem Tiefschlaf zurück. Ich fand mich in einem Himmelbett wieder, das sich in meiner großen »Kajüte« befand. Ich musste von der Bettkante zurückgefallen und sofort eingeschlafen sein.

»Sir!«

»Ich wusste nicht, dass Sie schlafen«, sagte eine Stimme in verlegen anmutendem Ton. »Mein Herr, ich bringe Ihnen das Frühstück. Es tut mir leid, dass ich Sie geweckt habe …«

Ich musste mich und meine Gedanken erst einmal sortieren.

Wo war ich?

Ich war es gewohnt, immer auf meiner Insel aufzuwachen. Immer war es dieselbe, mir längst vertraute Umgebung gewesen, die ich als Erstes am Tage erblickte.

Und nun: »Monsieur!« – »Sir!« – »Mein Herr!« Und dieses schöne Zimmer und dieses schöne Bett, auf dem ich lag.

Jetzt erinnerte ich mich auf einen Schlag, dass ich mich ja auf jenem Schiff befand, auf das mich der Allmächtige, von dem ich in meinem BUCH erfuhr, gebracht hatte, und der gesagt hatte, ich solle in das Schiff steigen.

Wie froh war ich, dass ich jene Worte, die ich als die Worte und Anweisungen des Allmächtigen verstand, nicht als Fata Morgana betrachtet hatte. Wie froh war ich, dass ich sagte: »Auf Dein Wort. – Auf Dein Wort will ich es wagen und gehen.«

Denn ich hatte gelesen in meinem BUCH, dass auch der Fischer Petrus damals von Jesus einen »unmöglichen« Befehl erhielt: tatsächlich am helllichten Tage noch einmal auszufahren mit dem Boot, um Fische zu fangen. »Die ganze Nacht haben wir gearbeitet und nichts gefangen.« Fische fängt man gewöhnlich nur nachts. Aber jetzt stand plötzlich der Schöpfer des Himmels und der Erden, jetzt stand Jesus vor Petrus und sagte: »Fahre hinaus und mach einen Fang.«

Petrus, der Erfahrung nach wissend, dass das nicht funktionieren konnte, stand vor der Wahl: »Entweder höre ich jetzt nicht auf die Worte von Jesus – dann bleibt es bei den leeren Netzen. Oder ich lasse mich auf den unmöglichen Befehl von Jesus ein. Verlieren kann ich nichts. Verlieren kann ich nur dieses: die Meinung, dass es nicht gelingen kann, den Zweifel, dass Jesus Sein Wort hält, und den Glauben, dass sich in meinem Leben nichts je ändern wird. Gehe ich auf das Wort, das Jesus mir klarmachte, nicht ein, dann wird sich nichts ändern. Dann bleibe ich immer derselbe arme Kerl, der ich schon immer war. Dann komme ich nicht heraus aus meiner kleinen Welt. Dann werde ich mich bis zum Lebensende totrackern und nicht weit kommen.«

Als Kind hatte Petrus in der Synagoge gehört, dass der allmächtige Gott nur ein Wort gesprochen hatte und so alles aus dem Nichts entstand. Jetzt erkannte Petrus, dass dieser selbe Gott nun hier vor ihm gestanden haben muss.

»Auf Dein Wort«, antwortete Petrus, nachdem er wohl all das durchdacht hatte. »Ich wage es auf Dein Wort. Wenn Du es sagst, dann wird es geschehen. Wenn Du sagst, dass ich zu dieser unmöglichen Zeit die Netze auswerfen soll, dann bist Du in der Lage, die Netze zu füllen.«

Ich las dann weiter und erfuhr: Petrus fuhr am helllichten Tag hinaus und fing so dermaßen viele Fische, dass sein Netz zu zerreißen drohte und dass auch noch die anderen Fischer, die in der Nähe waren, eine Menge davon abbekamen.

Das war der Tag, als Petrus aufhörte, nur an sein eigenes kleines Boot zu denken. Dieser Fischfang war der Tag, als Petrus seine Pflöcke weiter steckte – viel weiter.

War das der Tag, an dem man aufhörte, den anderen als »Konkurrenten« anzusehen und ihn zu meiden? So war es wohl! Denn Jesus gab mehr als genug für *alle*. Genug für die, die in dem einen, und genug für die, die im anderen Boot saßen.

Und so dachte ich nun: Fische fangen bringt Konkurrenten zusammen! Man hat keine Zeit, sich zu streiten, wenn man damit beschäftigt ist, zu tun, was Gott getan haben will.

Und noch etwas kam mir in den Sinn: In einer anderen Geschichte, die ich in meinem BUCH las, hatten die Jünger von Jesus ein weiteres Mal erlebt, was Er kann: 5 000, vielleicht sogar 20 000 Leute sind satt geworden von fünf Broten und zwei Fischen.

Danach geschah es noch einmal. Und das, damit die Jünger die Lektion endlich lernten. Diesmal mit 4 000 oder vielleicht 15 000 Leuten.

Die Jünger von Jesus, die in meinem BUCH beschrieben werden, die begannen langsam zu verstehen, dass »dieser Jesus« und Gott eins sind, ja, dass Er, Jesus, Gott ist. Und Er bestätigte, dass Gott derselbe war, der Er schon 4000 Jahre zuvor während der Schöpfung war, in der Woche, als Er aus dem Nichts das Weltall erschuf.

»Monsieur! Mein Herr!«

Während ich all diese Dinge vor meinen Augen sah, musste wohl nur ein kurzer Augenblick vergangen sein.

»Monsieur, ich stelle das Tablett hier auf den Tisch.«

Ich merkte, dass der Mann, der mir das Frühstück brachte und mir dies sagte, seinen Kopf etwas zu mir hindrehte. Das kannte ich nur von Menschen, die ein Problem mit den Ohren hatten.

Und so fragte ich ihn: »Haben Sie ein Problem mit ihren Ohren?« – »Nein. Nur mit einem. Ich kann sehr gut hören mit meinem rechten Ohr. Aber mit meinem linken konnte ich noch nie etwas hören. Ich bin taub auf meinem linken Ohr von Geburt an.«

Noch während der Mann mir das sagte, empfand ich ein selten erlebtes, großes Mitleid. Und in diesem Augenblick fiel mir die Geschichte ein, die ich gerade erst wieder vor einer Woche in meinem BUCH gelesen hatte: Da kam ein Mensch zu Jesus, der auch nicht hören konnte, ja, der konnte überhaupt nicht hören. Und Jesus empfand Mitleid mit diesem Mann. (Es muss dasselbe Mitleid gewesen sein, das ich plötzlich empfand mit diesem Mann.) Jesus berührte die Ohren jenes Mannes, und der Mann konnte hören.

»Junger Mann«, sagte ich, obwohl der Mann schon an die dreißig gewesen sein musste. »Junger Mann, darf ich für Ihr Ohr beten?«

Der Mann, der das Tablett mit dem Frühstück inzwischen auf den Tisch gestellt hatte, blickte mich vielfragend an. »Für mein Ohr?«

»Für Ihr Ohr!«

In diesem Augenblick begann ich ein Zittern in meinem ganzen Körper zu spüren. Es war jenes Zittern, das ich auch später immer wieder erleben sollte, wenn ich Gottes Gegenwart in ganz besonderer Weise erfuhr. Und wenn ich den Eindruck hatte, dass Gott etwas Besonderes vorhatte.

»Herr Jesus, der Du damals dem Tauben die Ohren geöffnet hast, bitte öffne diesem Mann jetzt das Ohr«, betete ich, durch den Bericht, den ich in meinem BUCH vorfand, in größtem Glauben und in großer Zuversicht.

Eine große Stille war plötzlich in meiner Kajüte zu vernehmen. Wir beide schauten uns an.

»Ihr Ohr, wie geht es Ihrem Ohr?«

Der Mann rieb etwas an seinem Ohr.

»Taub, wie immer. – Aber danke, dass Sie für mich gebetet haben.«

Mein Gebet an Jesus war das Letzte, das mein Mund an diesem Morgen herausbrachte.

Schweigend und niedergeschlagen, entließ ich den Mann aus meiner Kajüte. Und doch ahnte ich, dass das nicht alles gewesen sein konnte.

Kapitel 6

Wieder erwachte ich am nächsten Tag mit einem Schrecken.

Ein mächtiges Getöse erfasste das gesamte Schiff.

Waren wir gegen irgendeinen Eisberg gefahren oder gegen einen großen Felsen? Ich hatte gehört, dass beides schon mit ganz großen Schiffen passiert war.

Ich sprang aus dem Bett und blickte aus dem Fenster.

Schnellstens konnte ich mich wieder beruhigen. Es war anscheinend nur das große Signalhorn unseres Schiffes, das dieses riesige Getöse von sich gab und mich aus dem Tiefschlaf holte.

»Wir sind also nicht gegen etwas gefahren!«, rief ich mir selber zu. Wir waren nur in irgendeinem Hafen angekommen. Und das Signalhorn wollte der ganzen Hafenstadt sagen: »Ich bin nun da!«

Sogleich wurde ich wieder versetzt in die Gedanken, die ich noch kurz vor dem gestrigen Einschlafen hatte: »Ich bin nun da!«

Darauf hatte man doch gewartet: dass Gott herunterkommt vom Himmel auf die Erde und nun da war für die Menschen. Unfassbar? Nein! *»Was wir gesehen haben mit unsern Augen, was wir beschaut haben und unsre Hände betastet haben, vom Wort des Lebens ... was wir gesehen und gehört haben, das verkündigen wir euch«*, sagte der Jünger Johannes. So stand es in meinem BUCH.

Gott anfassen!? Ja! – dachte ich, Robinson.

»Die Zeit ist erfüllet, und das Reich Gottes ist herbeigekommen.«

Das Reich Gottes ist da, es ist da und gegenwärtig, seitdem Jesus auf diese Erde kam!

Ich erinnerte mich nun wieder an jenen Mann, der vor 30 Jahren in jener denkwürdigen Versammlung vor den anderen und vor mir stand: Er hatte sich so sehr gesehnt nach der Zeit, in der Jesus auf Erden war.

»Hätte ich zu jener Zeit gelebt …«, rief er uns wehmütig zu.

Aber war denn das Reich Gottes zu Ende, als Jesus diese Erde verließ?!

Ich schlug nun noch einmal mein BUCH auf und las mir immer wieder dieselben Worte vor:

»Herbeigekommen. Herbeigekommen. Herbeigekommen«, las ich immer wieder. Das Reich Gottes, die Wirklichkeit Gottes, ist unter uns gekommen und ist nun gegenwärtig und fassbar.

Was ich aber immer wieder vorfand bei vielen, das war eine ganz andere Wirklichkeit.

»Wo ist das Reich Gottes denn?«, rief ich aus.

»Wo ist Jesus *jetzt*?

Wo und wann tut Jesus, was Er damals tat?

Soll alles, was Jesus damals tat, sinnlos sein für die Menschen, die heute leben?

War Jesus nur da für die Jünger damals – vor fast 2000 Jahren – und für die paar Kranken und Mühseligen und Beladenen jener Zeit?«

Schon wieder musste ich denken an die Hörerschaft, in deren Raum ich vor 30 Jahren in der letzten Reihe saß: wie sie hätten siegessicher und die glücklichsten Menschen auf Erden sein können.

Das einzig Schriftgemäße war die Traurigkeit in deren Gesichtern, die sie eins machte mit jenen Jüngern, die damals auf dem Weg nach Emmaus waren. Lange Gesichter, die allen anderen klarmachten: »Der Heiland, den sie verkündigten, ist nicht mehr.«

Ich dachte: Längst nicht so viele Menschen würden womöglich den Heiland ablehnen, wenn sie, wie Johannes damals »Jesus *anfassen*« könnten. Wenn Er heute für sie eine *Wirklichkeit* werden könnte. Wenn Er ihnen zu jemandem werden würde, an den sie sich anlehnen könnten, wie Johannes sich an Jesus lehnte.

Ich überlegte lange, wie das alles nun Wirklichkeit werden könnte.

Hier und heute. Jetzt. In dieser Welt.

Wie Jesus jetzt in dieser Welt, wie damals in Israel, erscheinen könnte.

»Was wir betastet haben vom Wort des Lebens.« – »Und das Leben ist erschienen ...!«

Ich musste immer wieder über diese Worte nachdenken.

Und ich las lange in meinem BUCH, um das herauszufinden.

Das Lesen in der Schrift musste einen Nutzen haben, dachte ich. Alles Lesen in meinem BUCH musste das Ziel haben, den zu finden, den ich suchte: Jesus!

Gott ließ mich also auf der Insel nicht das BUCH finden, damit ich nur von dem Jesus spreche, der vor beinahe 2000 Jahren lebte. Er ließ es mich finden, damit ich durch dieses BUCH den finde, der heute genauso lebt wie vor 2000 Jahren! Gott wollte nicht, dass ich Sein BUCH nur zitiere, sondern dass ich durch dieses BUCH den finde, von dem das BUCH berichtet: Jesus. Das allein und nichts anderes musste der Zweck sein, weshalb all diese Berichte von Jesus in diesem BUCH standen:

Wie aber sollte man Jesus heute finden?

Wieder forschte ich in der Schrift.

»Glaubt an das Evangelium«, las ich erneut, obwohl mir diese Worte nicht neu waren. Doch heute las ich sie ganz anders als wie so oft in der Vergangenheit.

Und an anderer Stelle las ich: *»Der Gerechte wird aus Glauben leben«*.

Dieser Satz war in fetten Buchstaben abgedruckt in meinem BUCH. Es musste dem, der mein BUCH in meine Sprache übersetzt hatte, so wichtig gewesen sein, dass er diesen Satz besonders hervorleuchten ließ. So als wäre dieser Satz der Schlüssel zu allem, was in dem ganzen BUCH steht. So, als wäre dies das Geheimnis zum Zugang zu Gott. Und der Schlüssel zu dem Jesus, der heute nicht weniger wirken kann und will als damals.

Kapitel 7

»Gott ist nicht ein Mensch, dass Er lüge, noch ein Menschenkind, dass Ihn etwas gereue. Sollte Er etwas sagen und nicht tun? Sollte Er etwas reden und nicht halten?«
4. Mose 23,19

Ich ging die Treppe vom Schiff hinunter, um es zu verlassen. Und während ich ging, hörte ich einen lauten Ruf. Eine Stimme, die ich kannte. Die rief zu mir und sie rief mit großer Freude:

»Mein Herr, der du für mich gebetet hast. Du weißt, wer ich bin?«

Ich schaute mich um und ich sah den, der mir zurief – und der voller Freude war. Und ich drehte mich nun ganz um zu ihm und blieb stehen, auf der Stufe, die mich trug.

Und der Mann, jener Mann, der mir einst die Speise gab auf dem Tablett, der sagte zu mir: »Wer bist du? Was hast du da getan?«

Sogleich rief ich zu dem Mann, der oben über die Reling gebeugt war, ich rief zu diesem Mann:

»Was ist geschehen? Was habe ich getan?«

Und er antwortete und sprach: »Als du für mich betetest, vernahm ich nichts. Als hättest du nicht gebetet für mich.«

»Und dann?«, fragte ich.

»Und dann, dann später, da vernahm ich mit dem Ohr, welches noch niemals hören konnte, etwas wie ein Rauschen.«

»Und dann?«

»Und dann konnte ich noch immer sehr wenig hören mit meinem Ohr. Aber ich hörte etwas in meinem Ohr. Dinge hörte ich mit meinem Ohr, welches niemals hören konnte. Ein Rauschen hörte ich. Ein Rauschen, das ich niemals kannte, das höre ich nun mit dem Ohr, das taub war von Anfang an und nicht hörte von Anbeginn.«

Und ich stand da wie ein Stein, auf der Stufe, auf der ich stehen geblieben war, um den Mann zu hören, der mir dies sagte.

»Ich höre nun mit meinem Ohr, das niemals hören konnte. Aber ich höre nur ein Rauschen.«

Und ich nahm mein BUCH, das ich in der Hand hielt, und ich blätterte darin in der zweiten Hälfte, und ich fand darin etwas Ähnliches beschrieben.

Und ich sprach zu dem Mann, der sich von der Reling beugte und der mir all das sagte, was geschehen war, und ich sagte:

»Komm herbei. Du sollst ganz hören. Ganz sollst du hören! Das Gute, das angefangen hat, das soll nun völlig gut werden.«

Und der Mann kam herab zu mir.

Und er fragte: »Kann es ganz hören, mein Ohr?«

»Ja! Es kann und es soll so sein!«

Und ich nahm meine Hand und berührte damit die Stelle, wo das Ohr war, jenes Ohr, das nur ein Rauschen vernahm.

»Öffne dich, und höre ganz! Denn dafür bist du da, Ohr, dass du ganz hören sollst und kannst«, sprach ich mit Worten, so klar und so deutlich, dass auch andere es hörten, die ebenfalls wie ich das Schiff zu dieser Zeit verließen und neben mir auf der Treppe standen.

Und der Mann, der niemals hören konnte mit seinem linken Ohr und der jetzt ein Rauschen vernahm in dem Ohr, das niemals vorher ein Rauschen vernahm, der nahm nun seine rechte Hand und verschloss mit einem Finger jenes Ohr, das schon immer hören konnte.

»Es tut etwas weh, mein Ohr, das niemals hören konnte. Aber ich vernehme Laute damit. Deutliche Laute. Es hört sogar besser als jenes Ohr, das schon immer hören konnte.«

Der Mann, dessen Augen plötzlich von Tränen benetzt waren, der sprach nun zu mir: »Wer bist du?« Und ich sprach: »Ich bin nicht Gott! Ich bin nur ein Mensch, ein Mensch wie du. Ein einfacher Mann in dieser armen Welt, eine Stimme, die da ruft: ›Es gibt Gott. Er ist da. Kommt zurück zu Ihm.‹«

Und der Mann, dessen Ohr nun geöffnet war, und der mich erstaunt ansah, der sagte: »Kann auch ich zu Gott? Auch ich will zu Gott.«

Und ich erinnerte mich an die Worte, die ich selbst sprach, als ich noch auf der Insel war und zum ersten Mal mit Gott sprach.

Und ich sagte zu dem Mann mit dem nun geöffneten Ohr:

»Wenn du bekennst vor Gott, dass du nicht glaubtest an Ihn bisher, und wenn du dich abkehrst von deinem Unglauben, nämlich davon, dass du nicht an Ihn glaubtest, und wenn du Jesus aufnimmst, der soeben dein Ohr heilte, und wenn du Ihn von jetzt an Meister und Herr sein lässt in deinem

Leben, dann wird auch mit dir geschehen, was mit mir geschah: Mich nahm Er an und machte mich zu Seinem Kind von dem Augenblick an, als ich zu Jesus sprach: ›Komm in mein Leben!‹« (Denn ich konnte dem Mann, der nun mit beiden Ohren hören konnte, sagen, dass er *Jesus* anrufen und aufnehmen musste und nicht nur »Gott«. Denn ich hatte ihm gleichfalls soeben erklärt, dass Jesus Gott ist und dass Er für meine und seine Sünden an meiner und an seiner statt gestorben war. Denn Er hatte all meine und auch all seine Sünden auf Seine Schulter genommen und an das Fluchholz getragen, an das man Ihn für diese – für des Mannes und für meine – Sünden geschlagen hatte.)

Das sprach ich zu dem Mann, der nun überglücklich war, weil er nun mit beiden Ohren hören konnte. Und ich dachte nun aber doch: So, wie ich es dem Mann sagte, so war es bei mir. Aber dieser Mann? Der kommt nicht aus dem Land, wo man auf diese Art und Weise über Gott und geistliche Dinge spricht. Vielleicht, kam mir in den Sinn, vielleicht müsste er andere Worte beten als ich es damals tat.

Aber ich wusste nicht, was ich sonst sagen sollte. Und darum sprach ich diese Worte so, als würde ich die Worte zu einem sagen, der ein Nachbar aus meiner Heimat war.

»Dann bekenne ich meine Sünden vor Gott, jetzt hier vor dir, denn ich will ab heute nicht mehr ohne deinen Gott leben. Und ich will Jesus aufnehmen in mein Leben und ich will Ihn zu meinem Herrn und Meister machen, zum Leiter meines ganzen Lebens. So, wie du es mir sagtest« – hörte ich den Mann reden.

Obwohl ich dachte, der Mann könnte nicht verstanden haben, um was es geht, war ich nun aufs Völligste erstaunt.

Aber warum war ich nur so erstaunt? In meinem BUCH las ich doch, dass ich mich im Voraus nicht darum sorgen muss, was und wie ich reden soll, sondern wie Gottes Geist es mir eingibt, so ist es richtig.

So hatte also Gott meine Worte benutzt, um zu ihm zu sprechen, obwohl ich dachte: »Was bringt es?«

Und er sagte diese Worte, die ich ihm vorsprach, nun nicht zu mir allein. Er sprach diese Worte mit seinem eigenen Mund und mit seinen Lippen direkt zu Jesus.

Denn ich hatte ihm auch gesagt: »Es gibt so viele Menschen, die das Gute wollen, aber sie erhalten es nicht, weil es nur ein Wunsch ist. Du musst es zu Jesus sagen«, sprach ich. »Du musst es nicht nur wünschen und es *mir* sagen, du musst es mit deinem Munde Jesus selbst sagen.«

Denn ich sagte ihm ein Wort, das ich schnell fand in meinem BUCH, das ich wieder aufschlug: *»Wenn man mit dem Munde bekennt, so wird man gerettet.«*

Und der Mann, der nun – wie ich damals auf der Insel – zu Jesus kommen wollte und der Gottes Kind werden wollte, der sagte nun nicht nur, dass er das alles wollte, sondern der öffnete seinen Mund und sagte die Worte, die er zu mir sagte, diese Worte sagte er nun zu *Jesus*.

Und ich vernahm diese Worte. Und ich ward ein Zeuge jener Worte, die der Mann zu Jesus sagte und die ich mit meinen Ohren hörte.

Und er fragte mich: »Wird Gott wohl gehört haben? Und wird Er mich nun annehmen?«

Und ich dachte an ein Wort, das ich gelesen hatte in meinem BUCH und an das ich mich erinnerte – genau in diesem Augenblick. Und ich sagte es dem Mann, der vor mir stand:

»Gott *hat* dich gehört und Er *hat* dich angenommen! Denn *›wer zu mir kommt, den werde ich nicht hinausstoßen.‹* So sagt es Jesus, der für deine Sünden gestorben ist und der vergeht vor Liebe für dich. Sollte der dich nicht annehmen, der doch alles vollbracht hat, damit Er dich annehmen kann?! Sollte der dich nicht annehmen, der so lange auf diesen Tag wartete? Der darauf wartete, dass du zu dem kommst, der dich liebt?«

Und ich erblickte ein freudiges »Ja!« in seinen Augen. Und ich sprach zu ihm: »Fürchte dich nicht mehr, denn Er hat dich erlöst. Du bist von nun an Gottes Eigentum. Der allmächtige Schöpfer hat dich angenommen. Du bist nun Sein Kind, denn es heißt in meinem BUCH: *»Wie viele Ihn aber aufnahmen, denen gab Er Macht, Kinder Gottes zu werden, die an Seinen Namen glauben.«*

»Macht …?«, sagte der Mann, der nun immer mehr meinen Worten lauschte, die ich aus meinem BUCH vernahm und mit meinen Worten weitersagte.

»Habe ich jetzt dieselbe Macht, die dir gegeben ist? Habe ich Macht von nun an, anderen zu helfen? Kann auch ich nun anderen Menschen Worte sagen, Worte, die die anderen – so wie mich – zu Gott führen können?«

»Was du von mir gehört hast, das sage anderen weiter, damit diese dann wieder anderen das weitersagen, was sie selbst gehört und erlebt haben«, sagte ich dem Mann, der nun so glücklich aussah.

Während ich noch dabei war, dem Mann, der vor mir stand, dieses zu sagen, erklang wieder dieses mächtige Getöse aus dem Horn des Schiffes, das ich schon einmal vernahm.

»Ich muss jetzt zurück auf mein Schiff«, sagte der Mann, dessen beide Ohren nun hören konnten und der nun glücklich war wie kein anderer in dem Land, in dem das Schiff geankert hatte.

»Ja, geh. Und sage den anderen, was Gott dir Gutes getan hat.«

Kapitel 8

»Und was du von mir gehört hast durch viele Zeugen, das befiehl treuen Menschen, die da tüchtig sind, auch andere zu lehren.«
2. Timotheus 2,2

Und dies ist nun die Erzählung des Mannes, dessen Ohr geheilt wurde:

»Ich, der ich einst ein nicht hörendes Ohr hatte und nun hören konnte, kam wieder in das Schiff zurück und vernahm einen ungewöhnlichen Lärm. Und ich fragte mich: ›Was ist denn passiert?‹ Auch die Leute auf dem Schiff fragten mich, was denn mit mir passiert sei.

Aber drehen wir das Ganze noch einmal zurück. Was ich nun sage, war so gekommen: Die ganze Aufregung begann ganz klein. Und es begann damit, dass ich sagte: ›Warum schreit ihr mich alle so an? Und warum spielt die Kapelle heute so laut auf dem Schiff?‹

Verdutzt schauten mich einige Leute an, die mich schon immer kannten. ›Gar nichts ist passiert. Wir reden immer so laut zu dir. Und die Musiker spielen heute nicht anders als sonst.‹

Da erkannte ich, was mit mir geschehen war.

Und ich begann zu reden: ›Es gibt Gott wirklich! Redet nicht gegen Ihn. Es gibt Gott wirklich!‹

Mehr brauchte ich gar nicht zu sagen. Eine nie gekannte Atmosphäre breitete sich in der Küche aus, aus der ich das

Essen für die Gäste, die auf dem Zimmer essen wollten oder mussten, holte. Sie alle, die in der Küche waren, die waren es gewohnt, dass ich – der ich bislang nur ein einziges hörendes Ohr hatte – immer noch einmal nachfragte, weil ich irgendetwas gar nicht oder nur undeutlich verstand. Und dass ich das nun nicht mehr brauchte, das bemerkten die anderen an diesem Tage.

Und meine begleitenden Worte: ›Es gibt Gott wirklich!‹ – die schlugen nun ein wie eine Explosion. Es war so, als sagte nicht ich diese Worte. Es war, als sagte eine mir neue Macht das so klar, so durchdringend, so schön, dass nun alle es hörten und nun allein auf mich blickten.

Hätte ich die Worte: ›Es gibt Gott wirklich‹ – hätte ich diese Worte noch gestern auf diesem Schiff gesagt, dann hätte das nichts weiter als einen langen Disput gegeben.

Disput. Disput! Wie oft hatte man in jener Schiffsküche schon darüber verhandelt, ob es Gott gäbe oder nicht.

Vor gar nicht langer Zeit war so ein Typ auf unserem Schiff, der das einfach so behauptete: ›Es gibt einen lebendigen Gott.‹ Aber den hatte man schnell beiseitegeschoben und als Überfrommen abgestempelt.

Nicht das erste Mal waren die meisten hier auf dem Schiff solchen ›Wanderpredigern‹ schon begegnet.

Und immer behaupteten diese Leute Ähnliches: ›Es gibt einen Gott.‹ Mit ähnlichen Worten sagten sie es immer wieder. Es war immer etwas Ähnliches, das diese sagten.

Doch jetzt war ich selbst es, der das laut herausposaunte. Einer von *ihnen* war es. Und ich sagte es allen, die mich seit langem auf diesem Schiff kannten, ich, der einst Halbtaube.

›Nun glauben wir dir nicht allein um deiner Worte willen, sondern wir haben erkannt, dass dieser der Welt Heiland ist. Wir glauben jetzt, dass dieser, der dich heilte, der ist, der in die Welt gesandt ist, um uns das Leben zu bringen, nach dem wir uns sehnen und das wir brauchen …‹, sagten nun wie aus einem Munde die meisten aus der Küche.

Es waren die, die ich lange kannte und denen ich sagte, was passiert war, und die es glaubten, und die es nun ebenfalls so wollten, wie ich es bezeugte und nun glaubte und erlebte.

Denn sie erkannten durch meine Worte, dass auch sie ›taub‹ waren. Und sie erkannten, dass sie niemals den in Wahrheit kannten, von dem ich nun sagte: ›Es gibt Ihn wirklich.‹

Ich war völlig platt.

Aber so war es. Und ich erinnerte mich daran, dass mir von Robinson, nachdem ich geheilt war, gesagt wurde, dass nun auch ich die Vollmacht hätte, die Worte des Heils all den anderen zu sagen, die noch heillos waren.

Und ich fragte alle, die anwesend waren in dem Raum, in dem dies geschah, ich fragte sie:

›Wollt ihr den, der auch euch heil machen kann, der auch euch hörend und sehend machen kann, wollt ihr den Heil-Bringer als wahren Gott anerkennen?‹

Ich sprach zu ihnen nicht mit denselben Worten, wie man zu mir gesprochen hatte, als ich heil werden wollte. Denn ich kannte sie alle und wusste, wie man zu ihnen sprechen musste. Und ich wusste, dass sie verstehen würden, was ich meinte und was Gott verstanden haben will.

Und sie sprachen, wie aus einem vereinten Chor: ›Ja, das wollen wir.‹

Und dann sagte ich ihnen, ähnlich wie es mir Robinson zuvor gesagt hatte: ›Das reicht nicht aus, dass ihr das wollt. Ihr müsst das nun auch tun, was ihr wollt. Ihr müsst jetzt mit eurem Mund laut sagen, sodass wir es alle hören können, dass ihr den, der euch heil machen kann und will, dass ihr den aufnehmt und Ihn zum Herrn macht.‹ Denn sie wussten, was es bedeutet, einen Herrn über sich zu haben, darum wussten sie jetzt, was ich meinte mit ›Ihn zum Herrn machen‹.

›Aber wie sagen wir es dem Herrn nun mit unserem Munde, dass wir Ihn aufnehmen wollen in unser Leben?‹, riefen sie.

Da sagte ich ihnen: ›Ich werde euch helfen.‹

Doch zuvor sagte ich ihnen, dass ihr neuer Herr einen Namen hat. Und dass Er den Namen JESUS trägt. Denn ich sagte ihnen, wie es mir auch Robinson gesagt hatte, ich sagte ihnen mit vollem Ernst: ›Es gibt kein Heilwerden ohne Ihn, es gibt nur ein Heilwerden durch Jesus – und wenn man diesen Heiland‹ – so nannte ich Ihn nun – ›zum Herrn seines Lebens macht und Ihm unumschränkte Herrschaft im eigenen Leben übergibt.‹ (Ich nannte Ihn Heiland, denn sie alle hatten gesehen, dass Jesus mich heil gemacht hatte).

Und nachdem ich ihnen sagte, ich würde ihnen helfen, den Heiland anzurufen, sagte ich: ›Einen Satz spreche ich immer und ihr sprecht ihn nach.‹ Und ich begann so: ›Jesus Christus‹ – ich sagte also nicht einfach nur: ›lieber Gott‹ – ich sagte: ›Jesus, Herr, ich habe heute hier in dieser Küche verstanden, dass Du der Heilbringer bist, der Heiland dieser Welt. Du bist der, der diese Welt machte und der in diese Welt kam.‹ (Denn ich hatte ihnen zuvor gesagt, dass Jesus vor fast zwei Jahrtausenden den Himmel verlassen hatte und auf diese Erde zu uns Menschen kam, wie Robinson es mir klarmachte). ›Du bist für mich gestorben.‹ (Ich hatte den Anwesenden ebenfalls gesagt, dass Jesus stellvertretend für die Abscheulichkeiten eines jeden gestorben war. Und sie alle wussten sehr genau, was ich mit ›Abscheulichkeiten‹ meinte.) ›Ich bitte Dich jetzt um Vergebung. Bitte vergib mir alle meine Schlechtigkeiten. Es sind so viele. Ich kann sie nicht zählen. Bitte vergib mir alle.‹ (Auch was ich mit ›vergeben‹ meinte, hatte ich ihnen noch flugs erklärt). ›Du hast gesagt: Wenn wir unsere Scheußlichkeiten bekennen, so bist Du treu und gerecht‹ (diesen Vers hatte mir Robinson, der Mann mit dem ›BUCH‹, noch vorgelesen, als wir uns auf der Landungsbrücke getroffen hatten) ›und Du vergibst alles. Wir bekennen Dir unsere Sünden‹ (so nannte ich nun unsere Scheußlichkeiten) ›und bitten Dich um Auslöschung all unserer Vergehen. Wir sagen uns los von all unseren Sünden und wir sagen uns los vom Teufel und all seinen bösen Werken.‹ (Denn dass es – neben dem vergleichsweise harmlosen ›Klabautermann‹, der jedem Seemann bekannt war – einen Teufel gibt – der viel gemeiner ist –, das wussten sie alle. Und wer damit gemeint war, das wussten sie auch, denn sie hatten viele teuflische Dinge getan. Deshalb wussten sie auch, was mit ›bösen Werken‹ gemeint war, denn sie alle, die in der Küche arbeiteten und auf diesem Schiff schon mehrmals um die ganze Welt geschippert waren, hatten viele böse Dinge getrieben.)

›Du kamst in diese Welt, aber bisher haben wir Dich nicht aufgenommen‹, fuhr ich fort. ›Diejenigen aber, die Dich, Jesus, aufnahmen, denen gabst Du das Recht, Gottes Kind zu werden. Herr Jesus, wir nehmen Dich heute und jetzt und hier auf. Mach uns zu Deinen Kindern.

Amen.‹

Das war ein großer Augenblick, als ich ihnen diese Worte vorbetete und sie sie alle, genau wie ich es ihnen sagte, nachbeteten.

Und dann geschah, was in Robinsons ›BUCH‹ steht:

Alle wurden Kinder Gottes, in einem Augenblick. In dem Augenblick, als sie alle sagten: ›Herr Jesus, wir nehmen Dich hier und jetzt auf.‹«

Dies war die Erzählung des Mannes, dessen Ohr geheilt wurde.

Kapitel 9

Im Nachhinein wurde mir, Robinson, klar, mir wurde noch einmal von neuem klar, wie man Christ wird: Man wird Christ, indem man Jesus Christus aufnimmt!

Nicht weniger! Aber auch nicht mehr!

Und ich dachte: Wie schwierig machen es viele – sich selbst und anderen.

Warum macht man den Weg zum Himmel so schwer? Voller Dornen und Gestrüpp, das nicht Gott gesät hat. Diese Dinge legen manche Leute ungezählten Menschen vor die Füße, sodass manche es nicht schaffen, in den Himmel zu kommen.

Und ich erinnerte mich nun plötzlich an eine Stelle in meinem BUCH, wo ich las, und ich las:

»Die hinein wollen, lasst ihr nicht hineingehen.«

Und jetzt, da ich dieses schreibe, weiß ich, dass ich später mit einer Frau sprach, die sagte über ihren Nachbarn, ihren alten Nachbarn, der im Sterben lag, sie sagte: »Er sieht seine Sünde nicht ein.« Darauf entgegnete ich ihr: »Was macht's, Frau? Willst du ihn deshalb in die Hölle schicken?« »Nein«, entgegnete die Frau, mit der ich sprach, »aber steht nicht geschrieben: ›Wenn wir unsere Sünden bekennen, dann ist Jesus treu und gerecht, dass Er uns die Sünden vergibt‹?« »So steht es. Doch was hat's mit Bekehrung zu tun, liebe Frau? Was hat das mit ›Jesus aufnehmen‹ zu tun? Darauf nur kommt es an: dass jemand Jesus aufnimmt. Es heißt *nicht* in meinem BUCH: ›Nur wenn wir die Sünden bekennen, dann kommen wir in den Himmel.‹ Das steht dort so nicht in meinem BUCH! Es steht nicht geschrieben in meinem BUCH! Das hat man dir gesagt, Frau, und du hast es weitergesagt, aber nicht geprüft.« Und ich sprach: »Auf ›Jesus aufnehmen‹ allein kommt es bei den Heiden an.« Und ich las ihr aus meinem BUCH vor: *»Er kam in Sein Eigentum; und die Seinen nahmen Ihn nicht auf. Wie viele Ihn aber aufnahmen, denen gab Er Macht, Kinder Gottes zu werden, die an Seinen Namen glauben.«*

»Und überhaupt«, fuhr ich fort, »wer sagt, was ›Sünde‹ ist? Du denkst an das, was *du* für ›Sünde‹ hältst. Doch einzig Sünde, die ausschließt vom Himmelreich ist diese: *›Die Sünde, dass sie nicht an mich glauben.‹* Das ist Sünde! Nicht Torten essen und Trauben trinken und andere Socken tragen als die deinen. Verwechsle nie das, was du liebst oder nicht liebst, mit dem, was Gott liebt oder nicht liebt. Mach nicht aus *deinem* Wort das Wort Gottes, sondern mach aus dem *Wort Gottes* dein Wort.

›Sünden bekennen‹ gilt vor allem für die, die Jesus längst aufgenommen haben. Für den, der schon Christus aufgenommen hat und der nun aus Torheit Dinge tut, die ihm den Glauben vernebeln.

Dennoch werden viele im Himmel sein, die nur gesagt haben: ›Herr Jesus, vergib mir meine Sünden.‹ Gott nahm sie in den Himmel, denn Er ist barmherzig und Er hört das Schreien des *Herzens* und Er weiß, was jemand meint, wenn er seine Sünden bekennt – dass nämlich auch er in den Himmel kommen will.

Aber das ist nicht die einzige Weise. Für den, der noch nicht ein Kind Gottes ist, gilt: ›Nimm Jesus in dein Leben auf.‹«

Und ich sprach zu der Frau weiter: »Wusstest du nicht, hat man es dir nicht gesagt, dass es nicht nur einen Weg gibt, wie wir zu Jesus finden? Ja, es gibt nur einen Weg zu Gott, dem *Vater*, und das ist Jesus, denn nur Er hat alles beseitigt, was im Wege stand, zu Gott zu kommen, sagt mein BUCH. Aber es gibt verschiedene Wege, um zu *Jesus* zu kommen, durch den wir dann zu Gott, dem *Vater*, kommen …«

Und ich erklärte der Frau: »… Die einen wurden in die Welt hineingeboren und lebten ohne Gott. Für ganze Zeiten lebten sie ohne Gott. Aber ihr Leben blieb leer, obwohl sie alles in ihr Leben hineinnahmen. Sie erkannten es irgendwann und sprachen zu sich selbst: ›Das ist es nicht, das mich füllt, es erfüllt mein Leben nicht, was ich in mich hineinfresse.‹ Und dann hörten sie von Jesus, der gekommen ist, um uns das Leben zu geben, nach dem wir uns in Wahrheit sehnen. Und an dem Tage, als die Leeren von dieser Lehre hörten, nahmen sie den auf, der das Leben ist und der gesagt hat, dass Er das Leben in seiner ganzen Fülle geben will. Und sie aßen nicht mehr von den Schoten allein, sondern von dem Brot, das vom Himmel gekommen ist.

Und dann gibt es noch andere Menschen, die auf dieser Welt leben. Man sagte ihnen schon von klein auf und in der Schule und in den vielen Büchern, die diese lasen: ›Das alles ist durch einen Knall geworden.‹

Und sie glaubten es lange. Lange, weil es doch die andern auch so sagten. Ihre Eltern. Die Geschwister. Ihre Freunde und Lehrer.

Aber sie machten sich selbst auf den Weg und sagten: ›Ich will es selbst herausfinden, ob das stimmt, was ihr sagt.‹ Und sie kauften sich ein Buch, wie ich es habe. Und andere

Bücher, die anderes sagten als die meisten anderen Bücher, die man kaufen konnte. Und sie schauten zum Himmel, und sie sprachen: ›Das kann nicht so sein, dass das alles von selbst entstand, wie man es uns beibrachte.‹

Und sie sahen die Bienen, die auf den Kelchen der Blumen saßen, und sie sahen die Hummeln, die um die Blumen tanzten. Und sie sahen auf ihre Hände und bewegten diese. Und sie sagten: ›Das kann nicht sein, dass das alles durch einen Knall geschah, dass ich das kann: dass ich mich bewegen kann, wie ich will. Dass ich herumhüpfen kann wie ein Mastkalb, wenn es mir gut geht. Dass ich einen Verstand habe und denken kann. Dass ich Gefühle habe: dass ich mich freuen kann und dass ich zornig sein kann. Und: dass ich glauben kann, dass es einen Gott gibt, der das alles gemacht haben muss!‹

Denn sie sagten: ›Es muss einen geben, der das alles gemacht hat. Es muss einen geben, der alles lebendig macht, einen, der Leben schafft. Sodass der, der aus Erde geschaffen wurde, entscheiden kann. Dass er Gott lieben kann. Wie Gott ihn liebt. Oder dass er hassen kann. So wie der Teufel und viele andere Gott hassen.‹

Und sie schlugen das Buch auf, das sie gekauft hatten und das so ist wie mein BUCH, das ich auf der Insel damals fand. Und sie lasen:

›Gott sprach. Und es ward.‹

Und sie glaubten es.

Und sie hatten die Antwort auf ihre Fragen. Eine Antwort, weil sie sich fortmachten von den vielen Antworten, die ihnen die meisten anderen Menschen gaben in dem Land, in dem sie lebten.

Und weil sie glaubten, deshalb erkannten sie, dass das alles von Gott kommt, denn *»durch den Glauben merken wir, dass die Welt durch Gottes Wort geschaffen ist, dass alles, was man sieht, aus nichts geworden ist.«*

Und diese – es sind Ungezählte, sehr viele – die nachdenken und nicht alles glauben, was man ihnen in der Welt sagt, sondern die in dem *Buch* lesen: ›Wer Jesus aufnimmt, der wird ein Kind des Schöpfers‹ – diese vielen werden Kinder des Schöpfers, von einem Moment zum anderen, sobald diese Ihn aufnehmen, der die Welt gemacht hat. Und weil sie glauben an den Namen des eingeborenen Sohnes Gottes, der alles gemacht hat, und Sein Name ist *Jesus Christus*.«

»Das, liebe Frau, sind die Wege«, sagte ich damals, »die Gott nutzt, damit sie zu dem *Einzigen* finden, der sie zu Gott zurückführt.«

Kapitel 10

»Er muss aber auch ein gutes Zeugnis haben von denen, die draußen sind, auf dass er nicht falle dem Lästerer in Schmach und Strick.«
1. Timotheus 3,7

Dann hörte ich wieder von weitem das große Getöse, das schon einige Male aus dem Schiff herauskam und von weitem zu hören war.

Und die große Klappe, die große Brücke zum Schiff, erhob sich, und das Schiff fuhr weg von dem Hafen, in dem ich ausgestiegen war. Und es war, als würde das Schiff, das doch so groß war, immer kleiner werden. Denn es erschien mir so.

Als das Schiff nicht mehr zu sehen war, ging ich die Straße entlang. Und durch die anderen Straßen. Alle Straßen, die ich sah, betrat ich. Denn in dem BUCH, das ich las, in ihm las ich die Worte: *»Gehet hin in alle Welt.«* So war es richtig, dass ich nicht auf dem Schiff blieb. Denn ich las, dass auch Petrus, einer der ersten Jünger, die Worte von Jesus hörte: »Verlass das Boot! Komm zu mir auf das Wasser!« Und ich dachte: Das Meer, auf dem Jesus damals ging (ich hatte die Sache von dem Wandel Jesu auf dem Wasser gelesen), das Meer war doch die Welt!

Jesus kam in diese Welt, in die Welt, die Er gemacht hatte. Ich las die Worte: *»So sehr hat Gott die Welt geliebt, dass Er Seinen eingeborenen Sohn gab* (in die Welt).*«* Aus dem Himmel hat Gott, der Vater, Jesus geschickt und in die Welt gesandt.

Aber war der Himmel nicht da, wo die Engel Gott anbeteten? Und die Erde – war das nicht der Ort, wo die Menschen Gott verhöhnten? Wo die wohnen, die Er gemacht hatte, aber die Ihn nicht wollten und die Ihn nicht aufnahmen? Denn *»Er kam in Sein Eigentum, und die Seinen nahmen Ihn nicht auf«*, las ich wieder mit Entsetzen.

Doch so sollte es sein: *»Gleichwie mich der Vater gesandt hat, so sende ich euch.«* Genau so sagte es Jesus zu dem, der im Boot war: »Komm heraus aus dem Boot. Komm herein in diese Welt. Wie ich den Himmel verlassen habe, sollst auch du dich aufmachen und zu denen gehen, die mich bisher nicht aufnahmen. Die mich *noch* nicht aufnahmen. Damit du ihnen sagst, wer ich bin, und ihnen zeigst: So ist Gott! Und dass sie nicht länger den nicht aufnehmen, der sie gemacht hat, sondern dass sie mich aufnehmen in ihr Leben und an mich glauben.« Denn ich las wieder in dem BUCH: *»Wie viele Ihn aber aufnahmen, denen gab Er Macht, Kinder Gottes zu werden, die an Seinen Namen glauben.«*

»Welch ein Vorrecht!«, sprach ich. Denn die Ihn nicht aufnahmen, die waren und blieben Arme und Betrogene. Das waren die, die nicht lebten, wie sie immer meinten, sondern die getrieben und gelebt wurden. Sie dachten immer, dass sie selbst entschieden, was gut war für sie. Aber in Wahrheit wurden sie gelenkt von dem Teufel und seinen Gespielen.

Doch Gott will nicht, dass auch nur einer »zum Teufel geht« – verstand ich aus den Worten meines BUCHES – und das Leben verliert, das Gott ihm geben will. Sondern dass jeder umkehrt von seinem Leben ohne Gott – und lebt.

Denn Gott *»will, dass alle Menschen gerettet werden und sie zur Erkenntnis der Wahrheit kommen.«*

So ging auch ich in diese Welt. Denn das Schiff war nicht mehr da, in das ich zurückkönnte. Und ich konnte mich nicht mehr darin bergen und nicht mehr verbergen. Denn das Schiff war doch nur da, um mich dort hinzubringen, wo die anderen waren. Wo die waren, die verloren waren.

So dachte ich für einen Augenblick: »Wie wäre es, wenn ich dächte, dass ich geboren wäre, um nur im Schiff zu sitzen. Wenn ich mich immer nur freute über die schöne Kajüte. Und über die zwei großen, blau angemalten Wasserlöcher, in denen die Vielen herumtollten und sich freuten. Wenn ich nur in dem Raum bliebe, wo die vielen Schönen und die vielen Eleganten saßen, die sich freuten, wenn sie aus dem Fenster schauten auf die große blaue See. Und die sagten, dass sie sich freuten, dass sie nicht draußen seien bei den Fluten, die an das Schiff prallten.«

Doch dann wurde ich unterbrochen durch ein Kind, das ich, als ich gen Himmel schaute, fast zertreten hätte. Denn ich war nur mit dem Himmel beschäftigt. Und ich hatte keinen Blick für das, was unten war, und für die, die unten waren. Und ich schaute weg vom Himmel. Für eine Zeit lang. Weil es genügte. Denn der Himmel hatte mich gestärkt für das, was kam und noch kommen sollte. Denn ich hatte, als ich gen Himmel schaute, vernommen: *»Fürchte dich nicht. Ich bin mit dir; weiche nicht, denn ich bin dein Gott. Ich stärke dich, ich helfe dir auch, ich halte dich durch die rechte Hand meiner Gerechtigkeit.«*

Gestärkt durch das, was in mein Herz fiel, wandte ich meinen Blick auf das Kind, das ich fast zertreten hätte. Es war ein kleiner Junge. Zerlumpt, zerzaust. »Ein Straßenjunge«, sagte mir ein Mann, der zusammen mit mir vor kurzem noch vor meinem Schiff stand. »Ein Straßenjunge. Denen darf man nichts geben«, hörte ich diesen Herrn reden, während er bemüht war, in seiner Manteltasche herumzuwühlen, um zu sehen, ob darin noch sein Geldbeutel sei. Denn er hatte gehört, dass Straßenjungen nur Diebe seien. Und dass man denen nicht zu nahekommen sollte. »Dieses ist die Welt, in die mich Jesus geschickt hat«, rief ich dem Mann hinterher. Aber der hatte nicht mehr vernommen, was ich rief. Denn er ging schnellen Schrittes auf die andere Seite der Straße, an den Ort, wo kein Bettler war.

»Wo kommst du her?«, fragte ich den wohl Siebenjährigen, der nun aufstand und dicht an mich kam. »Der ist kein Dieb«, sagte ich mir, und ich hielt den Koffer nicht fest, den ich bei mir hatte. Denn ich wollte nicht so sein wie der, der diesem allen entfloh und der auf die andere Straßenseite ging. »Wo kommst du her?«, fragte ich den Jungen mit den dunklen, fast schwarzen Augen und dem dunklen Haar, ein zweites Mal. »Wo alle herkommen: aus ›Weiß-ich-nicht‹«, sagte der Junge in traurigem Ton. »›Weiß-ich-nicht‹ heißt der Ort, wo wir alle herkommen. Ich und die anderen in diesem Teil der Stadt. Wir alle wissen nicht, wo wir herkommen. Darum sitzen wir hier, weil wir nicht wissen, wer unser Vater und wer unsere Mutter ist.«

Und als er das sagte, schaute ich weiter um mich her. Und siehe, ich sah, dass es noch andere waren, die an den Straßenrändern saßen und aussahen wie der, den ich fast zertrat. Und ich bemerkte, dass Tränen in meine Augen kamen. Und ich versuchte, dass es niemand sah. Und ich grub in meinem Koffer herum. Und weil ich grub, darum fand ich etwas.

Denn wer sucht, der wird auch etwas finden, wurde mir im BUCH gesagt.

Und ich fand, wie mir versprochen wurde. Etwas, das aussah wie etwas, das man essen konnte. Und eine kleine braune Münze fand ich in meiner Hosentasche, nachdem ich lange herumsuchte und für einen Augenblick dachte: »Das ist nur ein Hosenknopf!« Ich dachte für einen Augenblick: »Was hilft's? Reicht der kleine Happen aus für so viele? Kann *eine* Münze diesen sättigen und die Vielen, die auch noch da waren?«

Da dachte ich: »Das ist's, das ich schon mal vernahm, als ich in dem BUCH las von dem anderen Jungen, der so viele speisen sollte mit dem Wenigem, das er hatte.« So tat ich, was der Junge tat, als so vielen hungerte, und ich gab das wenig Essbare und die kleine Münze dem, der nichts hatte. Ich gab es im Glauben, dass Gott im Himmel es sähe. Denn das Wenige, das ich gab, das war mehr als das Viele, das der Mann von vorhin hätte geben können. Denn ich gab alles, was ich hatte.

Und ich hörte nicht auf die Stimme, die mir nun sagen wollte: »Tu es nicht! Du brauchst es später! Spare es für irgendwann!« Denn ich dachte: »Hätte so der Junge gedacht, der alles gab! Dann hätte Jesus kein Wunder getan. Und dann wären die 5000 nicht gespeist. Die Vielen hätten nicht gesehen, dass Gott ein Gott der Wunder ist. Und dass der Wunderbare wunderbar ist. Und es wäre niemals geschrieben, was ich las in meinem BUCH über die zwölf Körbe, die noch übrig waren. Ich wollte nicht nur *lesen* von dem, was Jesus tat. Wie so viele, die so viel wissen und daraus nicht lernen. Denn alles war geschrieben, nicht zur

Leere, sondern zur Lehre, damit wir *glauben* und *sehen* und *tun.*«

Und ich tat. Damit ich nicht ein Hörer sei, wie so viele, sondern ein Täter des Wortes und ich Gott gefiele. Und ich mich nicht selber betrüge. Denn man kann viel sprechen über das, was in dem BUCH geschrieben ist. Man kann viel lesen und doch immer wieder vergessen, wenn man nicht tut, was Gott sagt. Ständig hören und doch nicht lernen. Die Sprüche der Weisen lesen, aber nie weise werden. Von denen muss es viele geben, denn es gibt so viele, die hören, aber es gibt so wenig, das in dieser Welt geschieht.

So hörte ich auf zu rechnen. Denn ich wollte mit Gott rechnen. Ich gab dem Jungen, was ich hatte. Nichts, was ich hatte, gab ich dem Jungen nicht. ALLES! Denn: *»Gib, und dir wird gegeben«*, las ich, als ich in meinem BUCH las. Ich glaubte, dass der, der Himmel und Erde machte aus einem Wort, der kann machen, dass genug Saat da ist zu streuen, damit viel Frucht erwächst. FÜR ALLE! Denn Gott will, dass *alle* zur Erkenntnis kommen. Dass *allen* geholfen wird und sie gerettet werden. Das las ich nun schon das zweite Mal an diesem Tag.

Und ich glaubte allem, was geschrieben steht. So dachte ich: »Es muss so sein, dass das, was geschrieben steht, Wahrheit ist. Und Weisheit. Nicht dieser Welt Gedanken! Aber des Himmels Gedanken!« So wollte ich himmlisch sein und nicht irdisch.

Ich blickte nun gen Himmel. Und ich rief mit lauter Stimme: »Gib Du jetzt auch, denn ich habe gegeben! Diese Erde ist arm. Du im Himmel bist reich. Silber und Gold sind Dein!«

Und ich sprach zu dem Jungen auf der Straße: »Nimm hin und iss.« Da sagte der Junge: »Niemals sprach ein Mensch solche Worte zu mir!« Und ich sprach ein zweites Mal: »Nimm hin und iss. Es ist alles, was ich habe. Ich gebe es dir, damit du lebst.« Und ich sah, dass der Junge nahm, was ich ihm gab. Er nahm und aß mein Letztes, das ich hatte. Ich gab ihm auch die Münze, die ich noch fand. Dann sprach ich: »Wenn du mehr brauchst, dann sage es mir!« Das sprach ich im Glauben. Denn ich sah, dass ich nicht mehr hatte in meiner Tasche als das, was ich dem Jungen gab, der vor mir lag!

Und ich ging weiter die Straße entlang. Und ich sah, wie groß die Stadt war. Da dachte ich: »Wie soll's gehen? Denn noch andere sind's, die darniederliegen.« – »Auch sie will ich in meinen Stall führen«, meinte ich, eine Stimme zu vernehmen. Und ich rief in die Stadt hinein. Gen Himmel und auf die Straße. Ich rief: »Sende mich!« Denn ich merkte, dass es die Stunde war, da Gott mich rief.

Und Gott brannte es ein in mich. Denn die Worte waren wie ein Brenneisen. Sie wurden versiegelt in meinem Geist. Und Gott machte meine Stirn hart, dass ich voranginge hin zu denen, die mir widerstehen würden. Und dass ich nicht aufgäbe im Angesicht derer, die gegen mich wären. Da rief ich mit lauter Stimme: »Wer ist wie Du, der Du Deine Knechte sendest und ihnen alles gibst, sodass sie bestehen bleiben und das herrliche Werk ausführen können, das Du zusammen mit diesen und durch diese tun willst!«

Ich erinnerte mich an das, was Gott mir soeben klarmachte. Und ich ging voller Zuversicht weiter meine Straße, die ich fröhlich zog. Denn ich hatte Gott alles gegeben. Nun war

Gott dran, alles zu geben. Denn ich hatte getan, was Gott wollte. Ich hatte nichts, auf das ich mich jetzt verlassen konnte. Nur Gott! Denn Gott war jetzt alles, was ich hatte. Und damit hatte ich alles! Alles, damit der Allmächtige jetzt a l l e s tun könnte, was Er tun wollte – durch Seinen Geist – und durch mich.

Denn Gott gibt alles denen, die Ihm alles gaben! Jetzt war ich frei von mir und den Dingen. Und ich war frei, von Gott zu empfangen, denn meine Hände waren entleert. Nun konnte ich empfangen in meine Hände. Und ich sagte: »Gib mir, dass ich geben kann, denn ich habe alles gegeben.«

Aber ich sagte auch dies noch zu dem Jungen, dem ich alles gegeben hatte: »Geh zu den anderen und erzähle ihnen, was Gott dir heute getan hat.« Denn ich wollte nicht, dass der Junge sagte, dass *ich* es getan hätte, was an ihm getan war an diesem Tage.

Kapitel 11

»Wie kann ich etwas anderes reden, als was mir Gott in den Mund gibt? Das muss ich reden.«
4. Mose 22,38

Ich stand plötzlich vor einem großen Hause. Und ich hörte Gesang. Ich erkannte, dass es Gotteslieder waren.

Ich ging in das Haus. Und ich sah, als ich in das Haus ging, wieder diese Bücher, von denen ich schon sagte, dass sie ähnlich aussahen wie mein BUCH. Nur kleiner. Und ich las das Wort, das auf jedem dieser Bücher geschrieben war: »Hymns«.

Als der Gesang nicht mehr war, erhob sich ein Mann und trat vor die Menge. Der sah aus wie der, von dem ich schon berichtete, wie der Mann vor 30 Jahren. Er hatte das gleiche Buch in der Hand, wie ich es immer bei mir trage und immer darin lese.

Und er fragte in die Menge, die im Raum war: »Hat einer ein Wort, das er uns sagen möchte?«

Da trat ich sogleich hervor mit meinem BUCH, das nur noch aus losen Blättern bestand, weil ich so oft darin gelesen hatte auf meiner Insel.

Und ich las aus diesem BUCH und sprach lange Zeit über das, was ich gelesen hatte.

Denn ich hatte allen laut vorgelesen, die in dieser Menge waren: »›*Gebt ihr ihnen zu essen.*‹ Doch die Jünger fragten: ›Womit sollen wir die speisen, die hungrig sind? Denn wir haben nichts als nur fünf Brote und zwei Fische.‹ Denn es waren 5 000 und mehr, die hungrig waren. Und es jammerte Jesus, dass sie nicht zu essen hatten.«

Und ich schaute in die Menge und sagte: »So ist es in eurer großen Stadt. Und im ganzen Land. Und auf der ganzen Welt. *Draußen vor der Tür* stehen die, zu denen Jesus uns gesandt hat. Auf den Gassen, an den Hecken und Zäunen jeder Stadt finden wir die Hungernden und Verhungernden, wenn wir ihnen nicht geben, was Jesus hat und was Er kann.«

Und ich sagte jetzt: »Ich weiß, dass es uns unmöglich ist, all die zu speisen, die auf unser Brot warten. Aber nichts ist unmöglich dem, der Himmel und Erde geschaffen hat. So kümmert euch nicht um das, was ihr nicht habt und was ihr nicht könnt.«

»Die Sach' ist Dein,
Herr Jesus Christ,
die Sach', an der wir stehn.
Und weil es Deine Sache ist ...«

Das hatten die Menschen in diesem Raum noch gerade aus den »Hymns« gesungen. Und ich sprach: »Das ist es. ›Die Sach' ist Dein, Herr Jesus Christ.‹ Darum können wir alles von Ihm erhalten, was wir benötigen, um zu tun, was Er will.«

Und ich hob nun bei meiner Rede die rechte Hand, und den Zeigefinger richtete ich gen Himmel.

»Es gibt keinen Grund, zu sagen: ›Das und jenes geht nicht.‹

Der, der in uns ist, ist größer als alle Not dieser Welt.

Und Er ist es, der der Welt das wahre Brot geben kann und geben will.«

Und dann sagte ich mit erhobener Stimme zu denen, die mich hörten: »Lasst uns tun, was Er uns tun heißt. Dann wird Gott tun, was Er tun will und kann.«

Totenstille bemächtigte sich des ganzen Raumes.

Niemand wagte, auch nur einen kleinen Mucks von sich zu geben.

Nur ein Schniefen einzelner Hörer war zu vernehmen.

Aller Augen im Saal waren auf mich gerichtet.

»Das ist nichts Neues, was Du uns gesagt hast, Bruder«, sagte nach einer unendlich lang andauernden Minute einer der älteren Männer im Raum.

»Das ist nichts Neues, was Du uns heute gesagt hast.«

Mehrere Anwesende nickten, so, als hätten diese Worte dieses Mannes von ihnen kommen können.

»Aber heute hat Gott zu uns allen hier geredet.«

Als er das sagte, wurde das Schniefen noch lauter.

Einige Frauen öffneten ihr kleines Handtäschchen und holten Taschentücher mit Spitzen hervor. Zwei Männer schnauften nun so laut, dass es nicht zu überhören war.

Was war es denn nun, das so anders war als sonst, wenn in dieser Kirche über dasselbe geredet wurde?

Was hatte ich anderes gesagt als das, was doch schon jeder wissen müsste, wenn er je in der Schrift gelesen hätte?

Und ich dachte nun an die Worte, die ich in meinem BUCH

las: *»Der Geist ist's, der da lebendig macht ... Die Worte, die ich rede, die sind Geist und sind Leben.«*

Und während ich mich daran erinnerte, spürte ich: Der Geist kam herab auf alle, die zuhörten. Es war wie in Jerusalem. Wie damals. Und was in Jerusalem geschehen war, das musste auch in Samarien und an jedem anderen Ort der Welt immer wieder neu geschehen. Anders konnte es nicht sein! Aber wie lange hatte man das wohl nicht bedacht in dieser Gemeinde. Gott hatte an diesem Sonntagmorgen Seinen Geist neu ausgegossen auf diese Gemeinde. So muss es irgendwann schon einmal gewesen sein – auch in dieser Gemeinde. Zu der Zeit, als Gott diese Gemeinde ins Leben rief.

Aber jetzt? Jetzt war vieles ins Stocken geraten. Dieselben Worte wie »am Anfang« wurden in dieser Gemeinde geredet, aber ohne Geist. Oder mit wenig Geist.

So wie am Anfang, vor über hundert Jahren, der Geist in dieser Gemeinde ausgegossen wurde, so geschah es an diesem Morgen augenscheinlich erneut. Es geschah, während ich meine Worte an die Versammlung richtete.

Plötzlich schien alles ganz anders zu sein. Worte, die manchen seit Jahren oder gar Jahrzehnten bekannt waren, diese trafen nun wie ein Blitz in das Gewissen und in den Geist aller Hörer hinein.

Und während ich dessen gewahr wurde, was heute in dieser Kirche vor sich ging, kam ein Mann nach vorne. Er stellte sich vor die Gemeinde, sodass alle ihn genau sehen konnten.

Während nun immer mehr Bewegung in den Raum kam, bemerkte ich, dass es der Mann war, dem ich noch am selben Morgen begegnet war: Es war der Mann, den ich zusammen mit dem Straßenjungen traf und der, weg von diesem armen Kerl, auf die andere Straßenseite eilte.

»Gott hat mich heute Morgen überführt«, sagte der Mann mit zitternder Stimme. »Während unser Bruder hier redete, wurde mir klar: Ich bin ein Heuchler. Ich bin der Priester, der das Elend der Menschen um uns herum nicht sehen wollte. Ich bin ein reicher Geschäftsmann und ihr habt mich vor Jahren zum Leiter dieser Gemeinde gemacht.«

Leiter der Gemeinde? Ich traute meinen Ohren nicht. Aber ich hörte richtig. Dieser Mann, der sich noch eine halbe Stunde vor dem Gottesdienst davonmachte und den armen Jungen liegen ließ und der glaubte, diese Leute seien allesamt Verbrecher, dieser Mann war der Oberste dieser Kirche.

»Wenn ich irgendetwas ›für Gott‹ getan hatte, dann nur, um besser vor euch dazustehen«, fuhr der Mann fort.

»Und wenn ich etwas von meinem Geld gegeben hatte, dann nur, wenn ich wusste, dass mein ›Opfer‹ von anderen Leuten gesehen wurde.«

Im ganzen Gottesdienst-Raum wurde es jetzt noch stiller.

»Und wenn ich etwas von meinem Geld gab, dann immer nur das Nötigste, weil ich dachte, jede Drachme, die ich abgebe, die macht mich um eine Drachme ärmer.«

Während der Mann da vorne immer weiterredete und ein Bekenntnis nach dem anderen ablegte, kamen auch andere Menschen nach vorne. Und die, die auf ihrem Platz blieben, saßen da mit gebeugtem Haupt nach unten. In der Ecke sah ich, wie drei Männer vor ihren Stühlen knieten, auf denen sie eben noch saßen.

Ich wollte nun noch weiterreden. Aber Gottes Geist hinderte mich. Mir wurde klar, dass ich jetzt mit Worten nur das kaputt machen könnte, was Gott in diesem Augenblick tun wollte.

So fasste ich nun den Entschluss, die ganze Versammlung sowie den gesamten Fortlauf der Sache an diesem Tag völlig Gott zu überlassen.

Er war es, der an diesem Tag hinuntergekommen war in diese Kirche. Er war es, der hier ein gutes Werk begonnen hatte. Darum konnte ich ruhig bleiben, denn der, der während dieses Gottesdienstes die Leitung übernommen hatte, der würde das Ganze zu einem guten Ende bringen, dachte ich.

Niemand schaute – wie sonst so oft – auf die Uhr. Denn niemand wollte jetzt diesen Raum verlassen.

Das Wehen des Geistes war wie die Bewegung von Wellen zu spüren. Und von Kirchenbank zu Kirchenbank schien Er jetzt jeden Anwesenden zu berühren.

Wie nie zuvor erlebte man jetzt, dass das Wort den ganzen Menschen erfasste. Wie wenn man ein tief schlafendes Kind aufwecken wollte, so erschütterte das Wort den einen, während der andere zutiefst erschrocken war über das Licht, das die bisher schlummernden Augen nun vernahmen.

Gott hat den Menschen gemacht mit Geist, Seele und Leib. Das war den Gründern dieser Gemeinde vor vielen Jahrzehnten eigentlich klar. So und nicht anders war es in den ersten Jahren nach Gründung dieser Gemeinde. Nachdem ein Mann mit einer für alle damaligen Ärzte »unheilbaren Krankheit« durch das Gebet einer alten Frau gesund wurde, glaubte man immer an solche Wunder und rechnete einfach damit, dass Gott so etwas immer wieder tun könnte. Aber das alles war beinahe ein Jahrhundert her. Und ganz andere Leute, die die damaligen Geschehnisse in der Gemeinde nicht miterlebt hatten, waren nun die Obersten und lehrten dies nicht mehr.

In allen drei Bereichen des Menschen hatte Gott an diesem Tag in dieser Versammlung nun aber wieder die Herrschaft zurückbekommen. Denn wer als der Geist Gottes hätte es schaffen können, dass gestandene Männer wie dieser Gemeindeleiter sich vor die Gemeinde stellten und vor allen Gemeindegliedern, die bisher so hoch von ihnen dachten, lange Bekenntnisse abgaben, die ihr ganzes bisheriges Ansehen »zunichtemachten«? Aber das genau wollte der Gemeindeleiter, der den Anfang machte, an diesem Tag: endlich Schluss machen mit der Maskerade, die er jahrelang spielte. Denn auch andere Dinge, die man diesem hohen Herrn niemals angedichtet hätte, brachte er zutage. Einmal angefangen, wollte er nun nicht auf halbem Wege stehenbleiben. An diesem Tage wollte er sich selbst aufs Völligste in den »Tod« geben.

Ein Paradigmenwechsel geschah in dieser schönen Kirche. Hatte man immer versucht, mit Tünchfarbe an sich selbst herumzumalen, in der Annahme, Jesus dadurch näherzukommen, wurde allen Anwesenden jetzt klar, dass nur das Abkratzen alles Getünchten der Weg nach oben ist.

Alles andere entlarvte sich an diesem Tag als nicht geistlich, sondern als religiös. Und gerade um alles Religiöse zu entlarven und zu verurteilen, kam Jesus und rechnete schon damals schonungslos mit den Pharisäer-Herren ab.

»Mein Haus soll heißen ein Bethaus allen Völkern. Ihr aber habt eine Mördergrube daraus gemacht.«

Durch all die religiösen Dinge, die man bisher trieb, hatte man den verlorenen Menschen draußen die Tür zu Gott verschlossen.

Von dem geistlichen Leben, durch das die Gemeinde einst ins Leben gerufen wurde und das die Gemeinde vor vielen Jahrzehnten zu einem Magnet für viele Menschen machte, war nur noch eine Karikatur übriggeblieben. Eine traurige religiöse Masse. Alles war zum Erliegen geraten. Das Einzige, das noch so war wie vor hundert Jahren, waren einige Äußerlichkeiten. Und dass sich das nicht ändert, dafür hatten sich einige mit aller Macht eingesetzt.

Gottes Geist verwehrte es sich seit Jahren, in dieser Kirche zu wirken, weil Standesdünkel da war und Sünden nicht bekannt worden waren und den Weg zur Erweckung versperrten.

Aber nun war plötzlich alles anders. Gottes Geist hatte alle in die Knie gezwungen. Wie mit einem reinigenden Feuer verzehrte Er während dieses Gottesdienstes alles, was Sein Wirken bisher hinderte.

Jetzt, nachdem der erste Mann und dann immer mehr, bis zum Letzten, in den »Tod« gingen, konnte Gott die Gebeine dieser Menschen zu neuem Leben erwecken.

Können Totengebeine wieder zu neuem Leben erweckt werden? Können tote Kirchen lebendig werden? Können

Kirchen, die jahrelang und jahrzehntelang unter einem Scheffel vergraben waren, zu Lichtern in ihrer Stadt werden? Jetzt war allen Anwesenden klar: Ja, bei Gott ist dies möglich.

Viele menschlich gut gemeinte Versuche, um Menschen für Gottes Reich hinzuzugewinnen, verfehlten lange Zeit ihre Wirkung. Jetzt aber, wo Gott im Regiment saß, konnte Er selbst das Werk tun, wonach Ihn sehnsüchtig verlangte, dass es getan wird.

Das ganze Geschehen dieses Tages ging noch viele Stunden weiter. Ich hatte ja gesagt, dass die Leute einfach nicht nach Hause gehen wollten an diesem Sonntag. Und tatsächlich war es bereits nach Mitternacht geworden, als sich die letzten auf den Weg machten.

Während sie in kleinen Gruppen das Gotteshaus verließen, hörte man sie immer noch leise geistliche Loblieder in die Nacht hineinsingen.

Wie rein fühlte sich jeder in dieser Nacht. Und wie leicht. So leicht, als würde jeder weit über den Häusern dieser so großen Stadt schweben.

Ja, selbst die Vögel müssen es gemerkt haben, dass etwas anders war als bisher.

Die ganze Schöpfung sehnte sich ja nach dem Offenbarwerden der Kinder Gottes. Und nun war der Tag gekommen.

Kapitel 12

Das war wirklich ein »starkes Stück« am gestrigen Tag.

Mit ihren Bekenntnissen hatten die Gemeindeglieder augenscheinlich alles verloren. Doch in Wirklichkeit hatten sie alles gewonnen.

Sie hatten sich selbst verloren, aber Jesus Christus neu gewonnen.

Die Zeit der ergebnislosen Anstrengung war vorbei. Jetzt war Christus es, der alles machte. Mit einem Mal. Ganz plötzlich und unerwartet.

Obwohl der Leiter der Gemeinde – Joe nannte man ihn liebevoll – obwohl Joe als Letzter das Gemeindehaus verlassen hatte, ging er am nächsten Tag wie immer rechtzeitig in seinen Betrieb.

Schon beim Betreten des Grundstückes erschien ihm irgendwie alles anders. Wagemutigen Schrittes ging er von seinem Wagen aus an der Betriebshalle vorbei und gelangte an diesem schönen Montagmorgen schon bald in sein Büro.

Diesmal setzte er sich nicht gleich auf seinen Bürostuhl, wie er es gewohnt war. Auch seine Rechenmaschine beachtete er nicht. Er stellte sich vor seinen braunledrigen Sessel, der sich neben einem weiteren in seinem Büro befand, drehte sich mit militärischem Linksschwenk um und fiel in das weiche lederne Polster hinein.

»Hoffentlich kommt jetzt niemand und stört mich«, sagte er halblaut, in der Hoffnung, dass diese Äußerung niemand mitbekam.

Joe wollte jetzt nicht einfach zur Tagesordnung übergehen.

Joe wollte nur allein sein. Ganz allein. Ganz allein mit Gott. Ganz allein mit Jesus.

Was war gestern bloß passiert?

Joe ließ den ganzen gestrigen Tag noch einmal Revue passieren. Was war das nur?

Es sollte doch ein schöner Gottesdienst werden. Er wollte doch eine lange Predigt halten. Die Predigt, an der er zwei ganze Wochen lang herumgebastelt hatte.

Und er hoffte, dass dadurch die Gemeinde sich zu neuem Gehorsam aufmachte.

Aber es kam alles so ganz anders.

Nicht einen einzigen Gedanken seines Vortrages bekam die Gemeinde am gestrigen Tag von ihm zu hören.

Nur sein ausführliches Bekenntnis. Ein Stottern. Ein Stammeln.

Aber das hatte tausendmal mehr bewirkt als all das, was auf seinem Manuskript stand und was er an diesem Sonntagmorgen der Gemeinde hatte mitteilen wollen.

Was sich am gestrigen Morgen und während der vielen darauffolgenden Stunden bis spät in den Abend hinein in seiner Kirche zutrug, ließ alles Bisherige klein und bedeutungslos erscheinen.

An einem einzigen Tag hatte Gott mehr erreicht, als Joe und all die anderen Gemeindeglieder durch jahrelange Arbeit in der Gemeinde allein zu erreichen vermochten.

Alles geschah, nachdem ein Gemeindeglied nach dem anderen es herausließ: Zachäus-Sünden. Petrus-Sünden … Tatsünden. Unterlassungssünden. Eigene Wege. Schwachheiten. Bathseba-Sünden? Nein, die nicht! Solche Dinge wurden an diesem Morgen nicht von vorne bekannt. Aber weil zwei Männer an diesem Tag an »etwas« erinnert wurden – denn Gottes Hand lag an diesem heiligen Tag schwer auf eines jeden Sünde –, deshalb hielten diese beiden es nicht länger aus, gingen jeweils auf einen »Bruder« zu und fragten, ob man »mal über etwas reden« könnte. Das war der richtige Weg, denn diese Sache gehörte nicht gleich vor die ganze Gemeinde. »Das ist nur der allerletzte Schritt«, sagte Joe immer. »Vorher gibt es andere Schritte.«

Welch ein Tag! Echte Buße und ehrliche Bekenntnisse entwickelten sich an diesem Tag zu einem fröhlichen Geschäft. Und die große Freude darüber, dass nun der Weg zu Gott wieder frei war, das gehörte zu dem Wunderbarsten.

Jedes Mal, wenn ein Anwesender oder eine Anwesende sich vor der Gemeinde auf diese Weise entblößt hatte, war dieses Lied von einigen zu hören:

»Das Blut des Lammes reinigt uns,
das Blut des Lammes reinigt uns,
das Blut des Lammes reinigt uns
und machet alles neu.«

Kapitel 13

Aber vieles, was in diesem Raum passiert war, das hätte eigentlich gar nicht passieren dürfen. Man wusste immer, was sich gehörte. Man wusste immer, wie ein Gottesdienst vonstattenzugehen hatte. Und vor allem wusste man immer, was in einem Gottesdienst auf keinen Fall passieren durfte!

Aber jetzt war vieles von dem, was nicht sein darf, geschehen. Einfach geschehen. Und das ausgerechnet in »seiner« Gemeinde, in der Gemeinde von Joe: diese Bekenntnisse! Diese Bekenntnisse gestandener Männer und Frauen. Bekenntnisse von Leuten, mit denen man jahre- und jahrzehntelang Seite an Seite zusammengearbeitet hatte.

Und dann diese Eskapaden gestern Nachmittag – bis in den Abend, bis in die Nacht hinein. Dieses Jammern bei manchen, die man immer für anständig hielt. Und die Gebärden mancher, die weinend vor ihren Stühlen knieten.

Und Elizabeth? Elizabeth saß die ganze Zeit einfach nur da. Auf ihrem Stuhl ganz hinten in der Nähe des Ausgangs. Was mit ihr los war, das konnte Joe überhaupt nicht einordnen. Sie saß einfach nur da, schaute vor sich hin und zitterte am ganzen Leibe. Als er sich ihr näherte, hatte er den Eindruck, sie sei gar nicht anwesend. Ja, schon. Mit ihrem Körper. Aber nicht mit ihrem Geist und ihrer Seele. Hiermit schien sie weit weg zu sein. Sehr weit.

Von all solchen Dingen hatte man hin und wieder gehört. Nun war so etwas gestern in »seiner« Gemeinde passiert.

Warum dachte er an diesem Morgen eigentlich immer über

»seine« Gemeinde nach? War es denn »seine« Gemeinde? War denn er, war Joe der Chef der Gemeinde, zu der er sich zählte?

Die Buße setzte sich an diesem Montagmorgen im Büro-sessel des großen Betriebsinhabers fort.

Wie konnte es nur sein, dass er jahrelang Jesus vorschrieb, was Er tun dürfe und was Er auf keinen Fall tun dürfe?!

Tränen liefen über sein Gesicht.

Vielleicht ist das der Grund, weshalb »seine« Gemeinde, die bereits vor 100 Jahren mit nur ein paar Leuten begann und sehr schnell wuchs, in den vergangenen 20 Jahren trotz vielem Gebet und allergrößten Anstrengungen immer kleiner wurde und die Marke 50 dann niemals mehr erreichte. War es so, weil es »seine«, weil es »Joes« Gemeinde war? Und nicht die Gemeinde, die Jesus sich für diese große Stadt immer gewünscht hatte? Weil Joe der gutmeinende Macher war? Und weil er alles, was denn auch mal gut gelang, auf sein eigenes Konto verbucht hatte?

Hatte er in all den Jahren versäumt, Jesus wirklich heranzulassen, um Ihn, um Jesus das tun zu lassen, was Er schon längst tun wollte?

Inzwischen hatte man sich ja längst daran gewöhnt, dass die Gemeinde ein kleines Grüppchen blieb. Und man hatte seine »schriftgemäße Begründung« dafür gefunden, warum nur so wenige in die Gottesdienste kamen.

Diese »Endzeit-Theologie« pflegte man schon über 80 Jahre lang, zumindest seit dem Zeitpunkt, als nach zwei Jahrzehnten irgendwie die Luft raus war und man anfängliche Hoffnungen, die ganze Stadt mit dem Evangelium zu erreichen, endgültig als nicht machbar und vor allem auch »gar nicht von Gott gewollt« zu erkennen meinte.

Mit diesen Gedanken hatte man sich immer beruhigt. Nur manchmal kam bei einigen Gemeindegliedern, und auch bei Joe, ein mulmiges Gefühl auf.

Joe wandte seinen Blick, den er für einen Augenblick auf den kleinen, auf seinem Schreibtisch stehenden Globus gerichtet hatte, weg. Seine Augen schweiften für kurze Zeit die Zimmerdecke entlang, immer noch an den gestrigen Tag denkend.

»Rrrrring! – Rrrrring!«, schrillte es plötzlich.

Nein, gerade jetzt wollte Joe seine Ruhe haben. Gerade jetzt würde er das Telefon am liebsten nicht abnehmen.

»Rrrrring! – Rrrrring!«

Joe hoffte, dass das Telefon bald ruhig werden würde.

Aber immer wieder das *»Rrrrring! – Rrrrring!«*

»Ja?« – »Joe, bist du es?«

Joe merkte, dass es Elizabeth war, die Frau, die gestern stundenlang wie weggetreten auf ihrem Stuhl saß.

»Joe, ich muss mit dir reden! Noch heute. Jetzt!«

»Muss das jetzt sofort sein?«

»Ja, sofort. Ich halte es nicht länger aus.«

»Dann mach dich auf den Weg.«

Elizabeth wohnte fast eine Dreiviertelstunde entfernt von Joes Büro.

Nach dieser kurzen Unterbrechung dachte Joe weiter:

… War es denn nicht seine Aufgabe, über Gottes Gemeinde zu wachen? War ihm nicht das Mandat zugefallen, getreu das Wächteramt auszuführen?

Und hatte er damit nicht auch verhindert, dass in all den Jahren Wölfe seine kleine Herde zerstreuten oder gar zerrissen? War er nicht stets dem Wort gefolgt: *»Sei getreu bis an den Tod, so werde ich dir die Krone des Lebens geben«*?

In diesem Augenblick war es ihm, als wollte ihn das Geschehene schier aus der Bahn werfen. Was hatte er denn bisher falsch gemacht? Und … hatte er in dieser Sache überhaupt etwas falsch gemacht in der Vergangenheit?

»Rrrrring! – Rrrrring!«

Wieder dieses Telefon.

»Rrrrring! – Rrrrring!«

Joe wollte nun wirklich nicht, dass er in seiner Gedankenwelt unterbrochen wird.

»Rrrrring! – Rrrrring!«

»Guten Tag, Joe Briggs hier.«

»Gut, dass ich Sie gleich persönlich am Apparat habe, Herr Briggs«, vernahm Joe die Stimme eines Mannes. »Es geht klar. Sie können gleich anfangen«, fuhr er fort.

Joe musste sich einen Augenblick lang besinnen, wer denn der Anrufer war. Das war doch die Stimme von … Jonathan Truck! Der Mann, dem Joe vor einigen Tagen das detaillierte Angebot für die Lieferung und den Aufbau der riesigen

Heizungsanlagen zugesandt hatte. Joe hatte sich wirklich sehr viel Mühe gemacht mit der Kalkulation. Er wollte und durfte diesmal auf keinen Fall einen Fehler machen. Denn das könnte das Aus des Betriebs bedeuten.

Joes Unternehmen brauchte gerade jetzt viel Geld. Viel Geld! Gerade jetzt! Denn die Geschäfte liefen in der Vergangenheit nicht gerade gut.

Joe brauchte unbedingt neue und vor allem große Aufträge. Nicht wieder solche kleinen, an denen kein Geld zu verdienen war. Und das war in den vergangenen Monaten fast immer der Fall. »Außer Spesen nichts gewesen«, pflegte Joe dann zu sagen. Das kann man mal eine Zeit lang durchgehen lassen. Aber auf Dauer rächt sich das Ganze. Und irgendwann bricht alles zusammen.

Joe war ganz begeistert, von Truck mit einer Angebotsanfrage bedacht zu sein. Das könnte seinen Betrieb retten. Aber Joe kannte seine Konkurrenten. Und die wussten sehr genau, wie man an einen Auftrag wie diesen herankommt: Auf »T..... komm heraus« würden sie alles tun, um die Konkurrenz auszuschalten.

Aber sollte Joe, nur um an einen interessanten Auftrag wie den von Jonathan Truck heranzukommen, ein Angebot abliefern, bei dem er wieder zulegte? Diesmal hatte Joe kräftige Zahlen geliefert. Sehr kräftige Zahlen! Vorsichtshalber! Er wusste – wie jeder kleine Buchhalter schon im ersten Lehrjahr –, dass es nicht auf den Umsatz ankommt, sondern auf den Gewinn. Gewinne muss man machen. Nur so kann man ein Unternehmen auf Dauer halten. Das wusste Joe zu genau.

Joe vermutete, dass er keine Chance hatte, bei diesen gelieferten Zahlen von Truck & Co. Ltd. einen Zuschlag zu bekommen. Und deshalb konnte das, was Truck am anderen Ende des Telefons sagte, eigentlich nicht wahr sein. Es sei denn …

Für Bruchteile von Sekunden erinnerte sich Joe daran, dass er diesmal nicht einfach den großen Briefumschlag mit dem detaillierten Angebot zugeklebt und in die »Ausgangspost« gelegt hatte, sondern dass er für einen Augenblick innehielt und laut sagte, sodass es seine Sekretärin hören musste: »Ich brauche ein Wunder!«

»Es geht klar. Sie können gleich anfangen« – das waren Worte wie ein Donnerschlag. Sie waren wie Salbe auf eine Wunde. Und wie goldene Äpfel in silbernen Schalen.

Joe versuchte, sich seine Überraschung nicht anmerken zu lassen. Seine Stimme zitterte ein wenig. Nein, eigentlich war es sein gesamter Leib, der zu zittern begann.

Joe wollte jetzt gar nicht mehr lange mit Jonathan Truck über sein Angebot an Truck & Co. Ltd. sprechen.

Es war einfach unfassbar.

»Schicken Sie mir gleich den Vertrag, damit ich unterschreiben kann.« Die Stimme am anderen Ende der Leitung machte nicht viele Worte. Es war so, als würde Jonathan Truck die Sache schnellstens über den Tisch bringen wollen, bevor Joe Briggs sich das Ganze noch einmal anders überlegen könnte.

Nach diesem kurzen Gespräch legte Jonathan Truck den Hörer auf.

Joe war völlig fassungslos.

Wie war das möglich? Andere Anbieter mussten viel günstiger gewesen sein! Das Gerangel um große Aufträge wie dieser war schon immer sehr groß. Und es war bekannt, dass nicht selten krumme Wege unternommen wurden, um an interessante Aufträge heranzukommen.

Aber Joe … Joe wollte das nicht. »Ich bin Christ und ich mache da nicht mit … Und ob der Ehrliche immer der Dumme ist, das soll sich am Ende zeigen«, sagte er immer, und auch diesmal, als er das 24 Seiten umfassende Angebot in den großen Umschlag schob und peinlich genau darauf achtete, dass seine Sekretärin ihn mit einer besonders schönen Briefmarke versah.

Joe hatte Jonathan Truck keine Schmiergelder verspochen.

Und genau das machte die Sache für Joe zu einem Wunder.

Ein Wunder, das seine Firma gerade in diesem Augenblick brauchte.

»Jesus!«, rief Joe aus. Und zwar so laut, dass es womöglich jemand anderes gehört haben könnte. Aber das war ihm jetzt völlig egal.

»Herr! Du bist gut!«

Joe musste mit seinen Tränen kämpfen. Und als er seine Finger beobachtete, sah er, dass sie zitterten.

»Das ist die Rettung meiner Arbeit!«

Denn immerhin handelte es sich um den größten Auftrag, den er je erhalten hatte.

Kapitel 14

»Und Er sprach zu mir: Menschenkind, siehst du, was die Ältesten des Hauses Israel tun in der Finsternis, ein jeglicher in seiner Bilderkammer? Denn sie sagen: Der HERR sieht uns nicht.«
Hesekiel 8,12

»Rrrrring! – Rrrrring!«

»Wieder dieses Telefon!«

Jetzt wollte Joe wirklich erst einmal in Ruhe gelassen werden.

Er wollte das alles erst einmal verarbeiten. Und er wollte erst einmal mit Jesus reden.

Aber was reden? Joe rief einfach nur aus: »Danke, Herr. Danke, Herr. Danke, Jesus.«

»Rrrrring! – Rrrrring!«

Joe schaute zum Telefon.

Zögernd nahm er den Hörer in die Hand.

»Eine Dame ist hier, die Sie unbedingt sprechen will. Darf ich sie reinlassen zu Ihnen?«, waren die Worte seiner Sekretärin von nebenan.

Joe hatte ganz vergessen, dass Elizabeth so schnell wie möglich mit ihm sprechen wollte.

»Heißt sie Elizabeth Manson?«, wollte Joe sich bei seiner Sekretärin vergewissern.

»Ja, und sie ist etwas …« Joes Sekretärin hielt inne und bekam einen kleinen Schreck, denn sie hätte beinahe in Elizabeths Anwesenheit erwähnt, dass sie sie als einen aufdringlichen Menschen empfindet.

»Sie will unbedingt mit Ihnen sprechen.«

»Lassen Sie sie herein zu mir.«

Joe stand auf von seinem Sessel, und die Tür öffnete sich.

»Setz dich, Elizabeth.«

Elizabeth bemerkte, dass Joe noch etwas feuchte Augen hatte.

»Joe, du siehst so anders aus als sonst.«

Doch Joe reagierte nicht auf Elizabeths Bemerkung.

»Wie geht es dir, Elizabeth?«

Elizabeths sonst so blasses Gesicht war farbig geworden. Auch Elizabeths Augen waren Joe sofort aufgefallen, als sie sein Büro betrat. Es war ihm, als stände eine völlig andere Person vor ihm.

Immerhin kannten Joe und Elizabeth sich schon seit über dreißig Jahren. Schon seit sie beide Anfang zwanzig waren, seit dem Zeitpunkt, als Joe zum Glauben kam und sich dieser Gemeinde anschloss, gehörten sie beide zur selben Gemeinde.

In all den Jahren hatte Joe Elizabeth immer als eine eingeschüchterte, als eine etwas schwermütig anmutende Frau gekannt.

Elizabeth war in den Augen von Joe ein demütiges Wesen. Sie gehörte immer zu den Treuen in der Gemeinde. Und Joe hatte Elizabeth immer als Vorbild angesehen. Sie war ein Mensch, der stets mit gutem Beispiel voranging.

»Elizabeth, was kann ich für dich tun?« Aber bevor Elizabeth sprechen konnte, schoss es aus Joe heraus: »Du bist so anders heute Morgen, Elizabeth. Ich meine, du siehst auch ganz anders aus als sonst. Gestern Abend warst du gar nicht ansprechbar, irgendwie völlig weggetreten.«

»Das genau ist es, weshalb ich hier bin. Ich muss dir sagen, was passiert war. Ob ich weggetreten war oder nicht, das weiß ich nicht. Aber es war ein Tag wie kein anderer, den ich sonst in der Gemeinde je erlebt habe. Ich weiß nicht, ob du es mir glaubst, was ich dir jetzt sage. Aber Jesus … Jesus war einfach da. Dabei war Er doch immer da, wenn wir zusammenkamen. Aber gestern erlebte ich es ganz anders. Was wir als Gemeinde glauben und was wir immer gesagt haben, das habe ich gestern das erste Mal erlebt. Jesu Gegenwart war da. Und mir ist, als hätte Er etwas weggenommen, irgendetwas, das immer zwischen Jesus und mir war – etwas … wie ein Nebel in meinem Leben.«

Jetzt wurden Elizabeths Augen feucht.

»Joe, ich hatte niemals darüber gesprochen. Und ich selbst konnte es mir nie richtig erklären, warum die Dinge in meinem Leben immer so waren, wie sie waren. Dass ich Jesus doch immer ganz folgen wollte, aber alles irgendwie nie richtig funktionierte. Du kennst mich, Joe. Du weißt, dass ich immer die Erste war, wenn es darum ging, dem Herrn mit allem zu dienen. Aber immer war etwas da, das dafür sorgte, dass es nicht weiterging in meinem Leben. Und jetzt weiß ich, weshalb ich nicht gegen meine Schwermut ankam und weshalb zwischen dem Himmel und mir eine dicke, eherne Mauer zu sein schien. Ich hatte meine Anstrengungen immer mehr erhöht, um mich dem Herrn zu nahen, aber je mehr ich mich bemühte, desto dunklerer wurde es in mir. Und manches Mal wollte ich schon aufgeben, daran zu glauben, dass Gott das, was Er mir früher einmal zeigte, auch wirklich tun würde.«

Elizabeth hielt kurz inne. Und dann platzte es aus ihr heraus:

»Joe, ich hatte jahrelang eine schreckliche Wut auf meinen Vater.«

Joe saß schweigend da. Er rutschte auf seinem Sessel ein Stück zurück und überlegte.

»Auf Ben?«, fragte er dann. »Ist es Ben, auf den du eine schreckliche Wut hattest?«

Ben gehörte jahrzehntelang zu den wichtigsten Leuten der Gemeinde. Und Joe kannte ihn immer als einen sehr fleißigen Mann. Für Ben war das, was Gott in Seinem Wort sagt, immer wichtig. Und er hatte es der Gemeinde immer wieder vermittelt.

»In Vaters Leben gab es ein Problem«, fuhr Elizabeth fort. Vielleicht nur *ein* Problem. Aber das Problem machte er zu *meinem* Problem. Meine Mutter musste es gemerkt haben. Aber sie war eben eine ergebene Frau und hätte meinen Vater niemals darauf angesprochen.«

Elizabeths Feuchte in ihren Augen wurde nun zu Tränen, die über ihre Wangen rollten.

»Joe, ich hatte niemals mit irgendeinem Menschen darüber gesprochen, was mein Vater mir angetan hat. Ich konnte es einfach nicht. Und ich schäme mich, mit dir über meinen Vater zu sprechen.«

»Dann solltest du mal mit einer Schwester aus unserer Gemeinde darüber reden.«

Joe begann zu ahnen, was Elizabeth widerfahren sein musste, was sie Joe aber nicht in Worten sagen wollte. Joe blickte ihr Gesicht noch genauer an, das an diesem fortgeschrittenen Montagmorgen trotz Tränen ganz anders glänzte als bisher.

»Ich hatte immer wieder Anläufe unternommen, mit der einen oder anderen Schwester über meinen Kummer zu sprechen. Aber jedes Mal, wenn es so weit war, dann redeten wir doch nur über belanglose Dinge. Es war dann immer so, wie bei jenem Mann, der in der Seelsorge bekennt, dass er einen Strick gestohlen hat, aber verheimlicht, dass an dem Strick eine Kuh war.«

So war es immer gewesen. Immer war alle Seelsorge nur oberflächlich. Man hatte immer über Sünde in der Gemeinde gesprochen. Aber niemals kam man zur Wurzel der Probleme. Aus Scham hatte man die Dinge nie beim Namen genannt. Und so blieb alles beim Alten. Die Anstrengungen, geistlich voranzukommen, wurden immer größer, aber die Erfolge immer geringer. So scheint es immer zu sein. Wenn Gott nicht mehr wirkt, dann strengen wir uns mehr und mehr an. Aber alles scheint völlig sinnlos zu sein. Zuletzt hatte man immer alles nur mit sich selbst ausgemacht und allein getragen.

»Und doch hatte ich immer das Gefühl, dass auch mein Vater mit sich selbst sehr unglücklich war. Immerhin wollte er ja das Beste. Und er wollte auch das Beste mit Jesus. Das war der Grund, weshalb er den Weg bis in die Gemeindeleitung geschafft hatte. Gemeindeleiter und Sünder? Das passte nicht mit dem Bekenntnis unserer Gemeinde zusammen. Und deshalb hatte auch er wohl niemals mit jemandem über seine Probleme gesprochen. Ach, hätte er es doch! Vielleicht hätte auch sein Gegenüber den Mut bekommen, über die Sünden zu reden, die dessen Leben schwach werden ließen. Vater ist seit drei Jahren tot. Und ich weiß noch, wie ich an seinem Sterbebett saß und er mir in die Augen schaute. Jetzt, wo er kaum noch sprechen konnte, gab es nur noch Blickkontakt. Und es war mir, als würden seine Augen mich anflehen. Als würde er sagen: ›Elizabeth, kannst du mir vergeben?‹ Das war in jener Woche, als Vater in die Ewigkeit ging. Warum hatte ich meinem Vater, als er so hilflos dalag, nicht zugesprochen: ›Ich vergebe dir!‹? Aber meine Wut war zu groß, als dass ich solch einem Mann wie ihm mit dem, was er mir angetan hatte, einfach hätte vergeben können. Und so ließ ich mir nichts anmerken. Keinen Blick, der ihm in letzter Minute zurief: ›Vater, ich vergebe dir. Alles vergebe ich dir. Von Herzen. Und es soll nichts mehr stehen zwischen uns beiden – und Gott.‹ Ich hätte es tun sollen. Ich hätte einfach sagen sollen: ›Vater, ich vergebe dir.‹ Was hätte es geschadet? Das Treffen am Sterbebett hätte das schönste Familientreffen aller Zeiten werden können. Ich hätte den Anfang machen sollen. Und dann hätte auch Mutter gesagt: ›Ben, auch ich vergebe dir. Kannst du auch mir vergeben?‹ Auch Andrew, mein Bruder, hätte es vielleicht nicht länger am Sterbebett ausgehalten, ohne zu sagen: ›Vater, können wir uns allen nicht alles vergeben? Alles, was nicht gut war?‹ Ich bin mir sicher: Das wäre der schönste Gottesdienst aller Zeiten geworden. Ein Gottesdienst, der Jesus besser gefallen hätte als die vielen anderen, die wir erlebt hatten. Mein Vater, meine Mutter, Andrew und ich – wir hätten die Herrlichkeit Gottes erlebt. Und das Scheiden von meinem Vater wäre ein Triumphzug geworden. Ich sprach in der Gemeinde immer von Vergebung und hatte doch nicht von Herzen vergeben. Mein Herz war gebrochen. Und es verhärtete sich seither immer mehr. Wenn ich betete, dann dachte ich: ›Eine dicke Mauer ist zwischen Gott und mir.‹ Die Predigten an den Sonntagen sagten mir nicht mehr viel, und beim Bibellesen erlebte ich kein Reden Gottes mehr. Alles war in letzter Zeit nur noch Pflichterfüllung ohne wirkliche Freude. Selbst die Hoffnung, sie jemals wiederzuerlangen, hätte ich vielleicht aufgegeben – wäre da nicht ein Wunder geschehen. Ein Wunder, das gestern Abend an mir geschah. Ich hatte für eine ganze Zeit nichts mitbekommen, was alles noch passierte von dem Zeitpunkt an, als Jesus mit einem Mal für mich da war. Mein Geist, der seit langem nur noch Unruhe kannte, kam plötzlich zu einer Ruhe, die ich nie kannte. Es passierte das, wovon wir immer in den Gottesdiensten gesungen hatten. Aber nie hatte ich das wirklich erlebt, wovon wir sangen. Was ich gar nicht kannte und auch nie wirklich geglaubt hatte, das hat Jesus gestern getan. Und all die Schatten meines Lebens, die waren mit einem Mal weg, als ich gestern Nacht nach Hause ging. Ich kann nicht sagen, dass Jesus mich gestern aufgefordert hätte, meinem Vater und all den anderen, die mir Leid antaten, zu vergeben. Aber ich wusste in jenem Augenblick, dass es dran war. Und ich rief innerlich laut zu unserem Heiland: ›Ich vergebe. Ich vergebe meinem Vater. Und ich vergebe meiner Mutter, die das nie zur Sprache gebracht hat. Meiner Mutter, von der ich immer dachte, dass sie ein Geheimnis mit sich trug. Und ich vergebe allen anderen, all den vielen anderen, die mir Leid angetan haben. Und die mich so werden ließen, wie ich geworden bin in all den Jahren.‹«

Während Elizabeth davon erzählte, was am gestrigen Tag bis in die Abendstunden hinein geschah, konnte Joe ein nie da gewesenes Leuchten in ihren Augen wahrnehmen. Ja, ihr ganzer Leib schien von dem Leuchten durchdrungen zu sein.

»Welch ein Sieg des Himmels!«, dachte er. »Ein Mensch, der mir immer verklemmt vorkam, der schien nun von Ketten der Schwernis erlöst zu sein.«

Und Elizabeth dachte: »Wie schwer ist es doch, einen Menschen wie mich dazu zu bringen, das zu tun, was ich gestern Abend tat. Für den Heiland ist nichts unmöglich. Doch wir lassen Ihn nicht heran an unsere Sünden, Probleme und Wunden. Weil das nie bei mir geschehen war, darum hat der Heiland mich in Seine Welt entrückt. Er musste mir auf *Seine* Weise Ruhe verschaffen, um zu meinem Geist durchzudringen. In unserer Gemeinde sollte immer alles erklärbar sein. Aber das, was ich erlebt habe, das ist einfach nicht erklärbar.«

Joe merkte, dass jetzt große Worte nicht das waren, was genau in diesem Augenblick dran war. Wer war Joe, dass er eine Erfahrung, die Elizabeth gemacht hatte, mit seinem analytischen Sinn als Verstandesmensch von seiner Warte aus kritisieren und infrage stellen wollte?!

Kapitel 15

Elizabeth verließ das Büro von Joe. Und Joe versuchte nicht, sie in weitere Gespräche zu verwickeln. Zu kostbar erschien Joe das, was Elizabeth ihm bezeugte. Und eine Ehrfurcht vor dem, was Elizabeth sagte, hatte Joe erfasst.

War das nicht das, was Joe sich im Grunde genommen immer gewünscht hatte?! Nicht nur *über* Jesus reden, sondern *mit* Ihm. Jesus nicht nur aus der Ferne, vom Hörensagen zu kennen, sondern Ihn mit eigenen Augen zu sehen!

Wie verkrustet war so vieles im Leben von Joe. Es war alles richtig – und doch war vieles so ganz falsch. Ganz falsch aus Gottes Sicht. Und nun auch aus Joes Sicht.

Doch der gestrige Tag hatte alles verändert. Alles. Alles, was bisher nur gut gemeinte Theorie war, das wurde mit einem Mal lebendig und fassbar. Nach langer Zeit war Jesus in dieser Gemeinde »nicht ferne von einem jeden«.

Das wusste man doch immer. Es wurde immer von der Kanzel und in den Bibelstunden verkündigt, dass Jesus uns ganz nahe ist. Und dass Er besonders gegenwärtig ist, wenn sich zwei, drei oder mehr gläubige Christen versammeln.

Aber nun war es wirklich so! Jetzt war alles greifbar und echt geworden: *»... was wir gehört haben, was wir gesehen haben mit unsern Augen, was wir beschaut haben und unsre Hände betastet haben, vom Wort des Lebens ...«*, das genau hatte die Gemeinde an diesem Sonntag erlebt! Durch Gottes Geist, der sich gestern nach langer Zeit wieder kräftig auf die ganze Versammlung niedergelassen hatte. Jetzt gab es wirklich etwas zu bezeugen.

Kapitel 16

Joe hatte seinen Hörer neben das Telefon gelegt, um jetzt nicht gestört zu werden. Wieder in seinen Sessel hineingesunken, dachte er noch eine Zeit lang nach über die vielen Ereignisse seit dem Augenblick, als »dieser Fremde mit der Bibel« in der Gemeinde auftauchte. Wie froh war Joe, dass gestern gefragt wurde, ob jemand ein Wort habe, das er der Gemeinde mitteilen möchte. Wie froh war Joe, dass jener Mann ihm zuvorkam und Joe seine abgedroschenen Gedanken an diesem Sonntagmorgen nicht der Gemeinde mitteilen konnte. Es wäre wieder alles beim Alten geblieben. Alles wäre beim Alten geblieben, weil man selber der Alte geblieben wäre. So war es immer. Seit Jahren! Eine geistliche Hornhaut hatte sich über die ganze Gemeinde gelegt. Worte. Viele Worte. Richtige Worte, wie man meinte, aber … *das Wort* – wie oft war es auf Joes Kanzel ohne viel Geist verkündet worden. Stattdessen hatte man von der Kanzel nicht selten Seitenhiebe verteilt. Und unter der Kanzel hatte man häufig verurteilende Worte übrig, wenn man von Gemeinden hörte, die den Menschen seiner Tage mehr zum Segen wurden als Joes eigene Gemeinde, die seit Jahrzehnten ins Stocken geraten war.

Joe musste in diesem Augenblick einfach darüber nachdenken. Über alles. Über seine Gemeinde. Über all die Jahre, in denen er sich mit den Geschwistern versammelt hatte. Das waren alles Leute, die Jesus von Herzen nachfolgen wollten. Ja, so musste man es sagen. Es waren Leute, die das Buch der Bücher liebten und lasen. Viel lasen!

Aber nach und nach ging den Geschwistern die Sicht verloren, die diese Gemeinde einmal besaß.

Eine geistliche Bewegung, die in Gründungszeiten einst eine ganze Reihe von Menschen ins Reich Gottes hineinschleuste, wurde mit den Jahren immer mehr zu einem abgeschotteten Klub. Anstatt an den Hecken und Zäunen die Verlorenen zu Jesus zu rufen, wurden die meisten von ihnen mehr und mehr nur noch zu »Wächtern auf Zions Mauern«. In dem, was sie sagten, waren ja auch Wahrheiten drin. Aber aus der Schrift wurden immer nur ein paar Verse zitiert. Fast immer dieselben. Und immer kleiner wurde sie – die Heilige Schrift – die doch aus so vielen Seiten und so vielen großen Gedanken besteht.

Alle, die in Joes Gemeinde an die erste Zeit, die Zeit der ersten Liebe, an Erweckungszeiten dieser Gemeinde vor 120 Jahren erinnerten, wurden merkwürdiger Weise nicht gerne gehört. Und man hatte peinlichst darauf geachtet, dass solche Leute auf keinen Fall für eine Sonntagspredigt eingeteilt wurden.

Vor Jahren geschah es nämlich einmal, dass ein junger Mann aus der Gemeinde auf der Kanzel vor versammelter Mannschaft die Heilige Schrift in die Hand nahm und Seite für Seite herausriss, nachdem er jedes Mal aus ihr wörtlich zitierte und die Gemeinde fragte: »Machen wir das hier in dieser Gemeinde so?« Allen Hörern war die Starre anzusehen, während der junge Mann da vorne herumhantierte. Und jedes Mal, als wieder eine Seite oder sogar ganze »Büschel« aus dem heiligen Buch herausgerissen wurden, zuckten die Hörer raunend zusammen.

»Gott gibt unserer Gemeinde noch einmal eine Chance«,

waren seine letzten Worte, bevor mehrere Männer aufstanden und ihn von der Kanzel herunterzogen.

Und als der junge Mann mit Tränen den Saal verließ, hörte man ihn noch einmal ausrufen: »*Ihr Halsstarrigen und Unbeschnittenen an Herzen und Ohren, ihr widerstrebt allezeit dem Heiligen Geist, wie eure Väter, so auch ihr. Welche Propheten haben eure Väter nicht verfolgt?*«

15 Jahre war das her, und seitdem war alles irgendwie anders in Joes Gemeinde. Von diesem Tag an genau war alles nur noch frostig. Joes Gemeinde war wie die zur Salzsäule erstarrte Frau Lots. Die Umrisse waren noch zu sehen, aber das Leben war entflohen.

Die Worte, die heiligen Worte der Schrift, sie waren noch lange zu hören von der schönen, aus Mahagoniholz geschnitzten Kanzel. Aber sie hatten die Lieblichkeit verloren, die Schönheit und Kraft, die dagewesen sein musste, als diese Gemeinde vor fünf Generationen, Ende des vorletzten Jahrhunderts, mit ein paar erweckten Leuten entstand.

Denen ging es damals übrigens nicht anders als jenem jungen Mann, den die Brüder von der Kanzel herunterschmissen. Der Beginn dieser Gemeinde war ein Abenteuer – wie wohl alles im Reich Gottes.

Damals, vor 120 Jahren, waren es nicht die Menschen der Welt, die diese kleine Gruppe verfolgten, nein, das waren die, die hätten dankbar sein sollen für den Dienst, den diese eifrigen Wenigen für die Welt taten. Die, die diesen Schwierigkeiten machten, waren Menschen, die schon lange mit Gott lebten. Sie waren es, die diese kleine erweckte Gruppe verfolgten. Und ein Mann von diesen Verfolgern hatte den Erweckungsleuten zornig verheißen: »In zwei Jahren gibt es eure Versammlungen nicht mehr.«

Aber das war das Wort eines Menschen! Gott fühlte sich in dieser Versammlung wohl, weil sie taten, was Gott gefiel. 20 Jahre ging das so. Bis …

Seitdem waren wieder 100 Jahre oder noch mehr vergangen. Und nun war man längst da angelangt, wo man selbst einmal war:

> Eine Gemeinde, die durch Propheten entstanden war, warf nun selbst Gottes Propheten aus ihrer Gemeinde hinaus!

Es war die Tragik so vieler Gemeinden, die einst aus Liebe zu den vielen Verlorenen entstanden waren. Diese Liebe war immer das Tragende und die Berechtigung dieser Gemeinden – und der Grund des Wachstums. Aber aus irgendeinem Grund entsteht gerade bei denen, die »mit Ernst Christenmenschen sein wollen«, nicht selten ein merkwürdiger Tunnelblick. Dieser Blick bewirkt, dass man die große weite Welt aus dem Blick verliert und nur noch mit sich selbst beschäftigt ist. Dass man das volle und einzige Heil in Jesus vergisst, das einem zu Beginn das Leben gab, und nun versucht, Jesus mit tausend Dingen, von denen nichts in der Schrift steht, zu gefallen.

Das ist dann der Anfang vom Ende. Man will immer schriftgemäßer werden und merkt nicht, dass man an dem großen, an dem eigentlichen Anliegen der Schrift vorbeigleitet.

Eine Reihe junger Leute und einige Familien, die dem jungen »Seitenherausreißer« vor fünfzehn Jahren zustimmten, kamen seit jenem Sonntag nicht mehr wieder in Joes Gemeinde. Sie hatten es dort einfach nicht mehr ausgehalten.

Zuletzt blieben nur noch Joe und Aaron Field Senior übrig. Und 28 weitere Geschwister.

Kapitel 17

Die anderen, die die Gemeinde verließen, hatten am Stadtrand der Millionen-Metropole eine andere Arbeit unter den vielen Verlorenen der Stadt begonnen. Mit dem Wort Gottes in der Hand hatte sich einer von ihnen, Jeffrey Mine war es, auf eine leere Kiste gestellt und die vorbeilaufenden Leute angepredigt. Eigentlich war Jeffrey nie ein großer Redner. Als einen solchen kannte man ihn zumindest nicht aus der Schulzeit. Im Gegenteil. Es war immer so, dass der Lehrer ihm jedes Wort regelrecht aus der Nase ziehen musste. Aber das hatte sich aufs Völligste verändert, als Jeffrey mit 19 Jahren das erste Mal während einer christlichen Veranstaltung innerlich zu Tränen gerührt zu Jesus rief: »Jesus, das will ich auch!« Gleich nachdem Jeffrey das hinausgerufen hatte, wurde er ein anderer Mensch. Er hatte das schon während des Gesanges laut hinausgeschrien. So laut, dass ein paar Leute, die auf benachbarten Stühlen vor ihm saßen, sich umgeschaut hatten, um zu erkunden, wer denn mitten im Gesang so laut rief. Aber das war Jeffrey in diesem heiligen Moment egal. Er sah in diesem Augenblick nur Jesus vor sich. Und aus Furcht, den zu verpassen, machte er seinen Mund auf und rief diese Worte laut zu Jesus in den Saal hinein.

Als der Redner die Anwesenden aufrief, jetzt aufzustehen und zu ihm vor die Kanzel zu kommen, erhob sich Jeffrey mit schnellen Bewegungen vom Sitz und ging zusammen mit vielen anderen Leuten nach vorne, wodurch er allen anwesenden Gästen der Veranstaltung zeigte, dass er sich jetzt bekehren wollte. In diesem Augenblick geschah es, dass seine Zunge gelöst wurde. Und von Stund an war es, als wäre er ein anderer Mensch geworden.

Ein paar Wochen später, als Jeffrey zum ersten Mal die Bibel durchgelesen hatte, die man ihm an jenem Abend geschenkt hatte, fand er das Ganze, was mit ihm passiert war, darin bestätigt: *»Ist jemand in Christus, so ist er eine neue Kreatur; das Alte ist vergangen, siehe, es ist alles neu geworden!«* Jener Abend, als Jeffrey diesen Prediger hörte und durch ihn das erste Mal die Stimme von Jesus mit klopfendem Herzen ganz persönlich vernahm, sollte der Abend seiner Bekehrung und Wiedergeburt werden.

»Jesus, Du bist der Herr, und von nun an folge ich Dir bis in alle Ewigkeit« – als Jeffrey dieses vom Prediger vorgesprochene Gebet vor Jesus aussprach – da kehrte Gottes Geist in sein Leben ein und gab ihm das Leben, das Jesus ist.

Jeffrey hatte Jesus alles gegeben, was er hatte. Und im Gegenzug hatte Jesus Jeffrey alles gegeben, was Er hat. »Von diesem Zeitpunkt an lebte nicht mehr ich«, sagte Jeffrey immer, »sondern es war Christus, der in mir lebt.« Das war der große Tausch seines Lebens: Jetzt war er Besitzer aller Reichtümer, die Jesus gehören. Je länger Jeffrey darüber nachdachte, desto deutlicher wurde es zu seiner Überzeugung: Durch den einfachen Glauben an Jesus hatte er Zugang zu den Reichtümern Gottes. Eine wahre Schatzkammer war es – eine Schatzkammer, aus deren Fülle er nun jeden Augenblick seines Lebens schöpfen konnte. Mit vollen Zügen. Und dass er das tat, das bemerkten schon bald alle anderen, mit denen er zu tun hatte:

Genau einen Tag vor seiner Bekehrung, an einem Donnerstagmorgen, war Jeffrey in eine ausgediente alte Militärkaserne eingezogen. Schon vor drei Jahrzehnten hatte man diesen weitläufigen Gebäudekomplex etwas erweitert und daraus eine Ausbildungsstätte für Anwärter der Polizei gemacht. Hier begann Jeffrey seine Ausbildung als einfacher Wachtmeisteranwärter. Er teilte sein Zimmer mit drei weiteren Kameraden. Schon an dem Montag nach seiner Bekehrung redete er mit ihnen und vielen anderen über das, was er an jenem großen Abend, Freitag, den 2. April, erlebt hatte.

Nicht lange, und Jeffrey war in der ganzen Kaserne bekannt als »der Pastor«.

Einige wollten ihm damit sagen, dass er etwas verrückt sei. »Ja, ihr habt recht«, sagte Jeffrey den Leuten. »Ich bin verrückt, ich bin in höhere Örter hineingerückt. Und ich bete dafür, dass auch ihr, dass die ganze Polizeikaserne diese Weite des Lebens entdeckt.« Und dann folgte meistens eine lange Predigt. Die war allerdings ganz anders, als man es sonst kannte. Seine Polizei-Anwärter-Kollegen kannten bisher nur langweilige Predigten. Es waren immer Vorträge, während derer man ständig darauf wartete, dass das Ganze bald ein Ende nimmt.

Jeffrey zeigte der Welt um ihn herum, dass es auch ganz anders sein kann. Wenn er seinen Mund aufmachte, war das Reich Gottes greifbar nahe, und die Leute hingen ihm regelrecht an den Lippen. In der Kantine war der Tisch, an den Jeffrey sich setzte, immer der beliebteste. Ein immer größer werdender Pulk war es, der sich um den Tisch rankte, an den Jeffrey sich jeden Abend setzte und die Geschichte seines Lebens erzählte. Und schon bald war es so, dass man diesen Tisch »Kanzel-Tisch« nannte.

Es ging gar nicht anders. Jeffrey musste einfach reden. Von dem, was er mit Jesus erlebt hatte. Und das war so viel, dass es aus ihm nur so heraussprudelte.

Das waren seine Anfänge mit Jesus. Seitdem sind einige Jahre vergangen. Und wenn jemand meinte, sein ganzes Gebaren sei nur ein vorübergehender Anflug von Begeisterung und erster Faszination gewesen, dann hatte sich diese Person reichlich geirrt. Jeffrey fand immer mehr Anhänger seines Glaubens. Aber was heißt »seines Glaubens«? Jeffrey hatte »das Rad gar nicht neu erfunden«. Was Jeffrey glaubte und was er mit Jesus erlebte, das war das, was Millionen erweckte Menschen auf der ganzen Welt erlebten und erleben.

Was Jeffrey vom Tag seiner Bekehrung an entdeckte, war anscheinend viel mehr als das, wozu manch anderer Jahre und Jahrzehnte braucht. Und manche, die sich Christen nannten, hatten es gar nie erlebt.

So kam es, dass Jeffrey traurigerweise nicht selten genau diese Leute, die nie richtig etwas mit Jesus erlebt hatten, dass er diese Leute als Menschen erlebte, die ihm das Leben schwer machten. Sie lehnten alles ab, was sie nicht kannten und was nicht in ihren bisherigen Erfahrungsschatz passte. Was sie nicht einordnen konnten, das gab es für sie nicht. Und zweimal kam es vor, dass gerade solche, die meinten, für Gott kämpfen zu müssen, ihn und seine Erlebnisse in das Reich der Finsternis verfrachteten.

Aber Jeffrey blieb immer ruhig. Er verteidigte sich niemals. Er war ein Mann der Schrift und wusste, dass es auch Jesus nicht anders ergangen war. Auch Ihm, auch Jesus hatte man die Verbindung mit Beelzebub nachgesagt.

Jeffrey gehörte zu dem Menschenschlag, der nicht nur über die Bibel redete. Er war einer, der die Schrift wirklich liebte. Und dass er seine Bibel liebte, das zeigte er dadurch, dass er sie in den ersten fünf Jahren bereits vierzehn Mal nicht nur durchgelesen, sondern durchgearbeitet hatte. Die Seiten seiner Bibel sahen bald aus wie ein bunter Paradiesvogel. Fast jeder Vers war unterstrichen. Und die Seitenränder waren so voller Notizen, dass nichts Neues mehr hineinpasste.

Doch das war nicht alles. Jeffrey war nicht nur ein großer Bibelleser. Jeffrey war ein Mann des Geistes. Ein Mann des Geistes Gottes. Und das war der Punkt. Jeffrey sagte immer: »Wenn du verstehen willst, was die Bibel dir sagen möchte, dann brauchst du Gottes Geist. Nur Gottes Geist kann dir auslegen, was dir die Bibel sagen will.«

Einer der Lieblingsverse Jeffreys war 1. Johannes 2,27: *»Und die Salbung, die ihr von Ihm empfangen habt, bleibt bei euch, und ihr bedürfet nicht, dass euch jemand lehre, sondern wie euch die Salbung alles lehrt, so ist es wahr und ist keine Lüge; und wie sie euch gelehrt hat, so bleibet bei Ihm.«*

Der »Helfer«, wie Jeffrey Gottes Geist immer nannte, der »Helfer« war es, der ihm den großen Vorsprung gab und der dafür sorgte, dass Jeffreys Zeugnis den anderen Menschen gegenüber solch tiefgreifende Spuren hinterließ.

Und noch einen weiteren Grund gab es, weshalb Jeffrey so begeistert in seiner Bibel las: Das Lesen der Bibel bestätigte genau das, was Gottes Geist Jeffrey längst klargemacht hatte, lange bevor er die Dinge Gottes in der Bibel las.

Inzwischen war es so weit gekommen, dass zwei von den Personen, die durch Jeffrey zum Glauben gekommen waren, selber exzellente Missionare wurden. Einer von ihnen brachte in Afrika mehr Menschen zu Jesus als Jeffrey in seinem eigenen Land.

Sein Freund Clark wurde von Jeffrey so dermaßen angesteckt, dass er sofort das nachmachte, was Jeffrey ihm vorlebte und wozu Jeffrey ihn ermutigte. Clark war Niederländer, er stammte aus Amsterdam und ging irgendwann nach Afrika, weil gerade dieser Erdteil ihn irgendwie mächtig anzog. Nachdem Clark in Afrika zu Beginn viele Enttäuschungen und Niederlagen erlebte, konnte sein Eifer für Jesus aber nicht für immer verborgen bleiben. Gott hatte ihm all seine Fehler, die er in Afrika machte, längst verziehen. Und Clark sagte denen, die ihn entmutigen wollten: »I'll never give up!« – »Ich werde niemals aufgeben!«

Diese Einstellung schien Gott zu gefallen.

Und dieser Glaube von Clark, der so einfältig war wie der von Jeffrey. Dieser Glaube, der sich nicht auf Menschen stützte, sondern auf den Allmächtigen, der einen Ohnmächtigen und Einfältigen wie ihn herrlich gebrauchen wollte und konnte. Auf den wartet Gott. Und Er belohnt jeden, der es in einfältigem Glauben mit Gott wagt.

Clark kümmerte sich nicht um die vielen Stolpersteine, von denen es in Afrika genügend gab. Und die dämonische Welt, in die er nun das Licht der Welt hineinbringen wollte, war für ihn nichts Überraschendes.

Einige seiner engsten Freunde hatten ihn gewarnt, nach Afrika zu gehen. Sie hatten schon davon gehört, dass andere dasselbe versucht und schließlich frustriert das Handtuch geworfen hatten und alles stehen und liegen ließen. Clark wusste davon. Und diese Worte gerade seiner engsten Freunde wurden ihm anfänglich zur allergrößten Anfechtung. Aber Clark fragte sich immer wieder: »Was würde Jesus tun?« Das war immer das Motto seines Lebens. »Was würde Jesus jetzt tun?«

Würde Jesus nach Afrika gehen? Würde Jesus zu Hause, im schönen Amsterdam bleiben, nur weil in Afrika die Dämonie solch furchtbare Sachen trieb? In einem bewegenden Brief, den er erhielt und dessen Inhalt ihm die Tränen in die Augen trieben, erfuhr er von Eltern, die ihr geliebtes Kind durch Malaria verloren. Das war ein wirklich schwerer Schlag für die Eltern. Sie waren in Afrika, um Gottes Willen zu tun und weil sie wussten, von Gott dorthin berufen zu sein. Und dann dieses! Doch was Clark faszinierte, war, dass die Eltern des verstorbenen Kindes nicht bitter gegen Gott wurden und fluchtartig das Land verließen, sondern ihren geistlichen Dienst an den Afrikanern weiterführen wollten.

Clark brauchte nicht lange zu überlegen: Auch Jesus würde nach Afrika gehen, selbst wenn der Teufel versuchen würde, Ihn dort hinauszutreiben! Jesus würde in das äußerste Totenreich gehen, wenn Er dort auch nur einen fände, den Er daraus retten könnte. Und Er, Jesus, tat es, las Clark in der Heiligen Schrift. Jesus ging ins Totenreich und predigte dort.

Das war für Clark das große Vorbild: Jesus. Wo Jesus hinging, dorthin wollte auch Clark gehen. Und dieser klare Entschluss war es, den Gott liebte. Diese klare Entschiedenheit war es, die ihm mehr und mehr Kraft von oben verlieh. Es war jene Salbung, die seit dem Tag auf ihm lag, als er aufhörte, auf Menschen zu hören, sondern der Stimme Gottes folgte, die ihn rief, bis an die Enden der Erde zu gehen.

Genauso war es mit Jeffrey.

Während andere Jeffrey kritisierten, kümmerte er sich nur wenig um solche Stimmen. Er hatte auch nie versucht, sich zu rechtfertigen. Er wusste, dass diese Leute einfach ihre festgefahrene Position hatten und niemals die Demut hätten, sich von Gott korrigieren zu lassen. Und wenn angreifende Briefe an ihn geschrieben wurden, dann schrieb er nur fünf Worte zurück: »No time for the devil.« – »Keine Zeit für den Teufel.«

Einmal bekam er per Brief eine 18-seitige »theologische« Ausarbeitung von einer Frau, durch die sie Jeffrey »fertigmachen« wollte. »Diese Frau tut mir echt leid«, sagte Jeffrey seiner Ehefrau, nachdem er kopfschüttelnd dieses lange Schriftstück gelesen hatte. »Sie wollte durch ihre vielen Argumente dafür sorgen, dass ich mit meinem Dienst aufhöre. Sie gedachte, es böse zu machen, aber Gott hat etwas Gutes daraus gemacht. Die Nägel, die sie in mich hineinschlug, genau diese Nägel dienten am Ende dazu, meinen gefundenen Glauben nur fester zu machen.«

Catherine, seine liebe Frau, streichelte mit der rechten Handfläche Jeffreys Wange. »Gut gemacht, Jeffrey, mach weiter. Kümmere dich nicht um solche Leute. Kümmere dich um die Verlorenen. Die brauchen dich, Jeffrey.«

Catherine war eine wirkliche Frau Gottes. Sie war genau die Frau, die Jeffrey brauchte, um ihn in seinem oft angefochtenen Dienst zu unterstützen.

Er hatte sie kennengelernt, als er in einer Gemeinde die Sonntagspredigt hielt, weil der dortige Pastor an jenem Sonntag verhindert war. Catherine war von der Seite zu sehen, während sie zu den von der Gemeinde gesungenen Liedern die Orgel spielte.

Jeffrey hatte immer die Gewohnheit, sich während eines Gottesdienstes nicht unbedingt in die vorderste Reihe zu setzen – es sei denn, das war ausdrücklich vom Gottesdienstleiter so gewünscht. Obwohl Jeffrey sich auf einer Kanzel innerhalb kurzer Zeit meistens zu einem Löwen entwickelte, saß er vor der Predigt meistens irgendwo in der hintersten Reihe, und am liebsten sogar direkt an der Außenmauer, weil er jedes Mal bis zur letzten Sekunde noch an seiner Predigt herumkritzelte. Manches Mal dachte er noch während des letzten Liedes, dass es »diesmal« eine Katastrophe werden würde.

Es ging ihm so wie dem Evangelisten Dwight Moody, von dem er gehört hatte. Man glaubt es kaum, aber der »große« Evangelist Moody soll nicht selten völlig geknickt auf die Kanzel gegangen sein. Und nicht selten war es so, dass Besucher, die ihn das erste Mal hörten, dachten: »Das soll der bekannte Moody sein?« Doch nach kurzer Zeit des »Predigens« (wenn man das, was der Evangelist Moody vorne von sich gab, überhaupt »Predigen« nennen konnte), nach kurzer Zeit bewies er, dass er der mächtigste Prediger seiner Zeit war. Anders soll es auch nicht dem bekanntesten Prediger Londons gegangen sein. Und dessen Name war Charles Haddon Spurgeon.

Das wusste Jeffrey. Und genau das war für ihn nicht selten eine große Ermutigung. »Die Sach' ist Dein«, hatte Jeffrey in größten Anfechtungen oft während des »nach-vorne-zur-Kanzel-Gehens« Jesus innerlich zugerufen. Und manchmal war es so, dass sich der Himmel sofort öffnete, als er hinter der Kanzel stehend seinen Mund öffnete und die ersten Worte an die Gemeinde richtete. Was dann kam, waren nicht selten Worte übergroßer Gnade.

Aber diesmal, an dem besagten Sonntag, war alles irgendwie anders. Jeffrey kritzelte nicht auf seinem mitgebrachten Manuskript für die gleich folgende Sonntagspredigt herum. Diesmal waren Jeffreys Gedanken – und vor allem sein Blick – völlig eingenommen von der jungen Dame, die die Orgel spielte.

»Es war so«, sagte Jeffrey oft später immer wieder lächelnd, »es war so, als sähe ich die anderen jungen Mädchen gar nicht. Ich sah nur Catherine. Sie saß an der Orgel wie ein Engel Gottes.«

Jeffrey war an diesem Sonntag zu schüchtern, um Catherine nach seiner Predigt anzusprechen. Aber nach vier Tagen hielt er es einfach nicht mehr aus. Er fuhr mit dem Fahrrad zu George, dem Pastor dieser Gemeinde. Als er mit ihm einige Eingangsworte sprach, kam er endlich zu dem Grund seines Kommens: »George, am letzten Sonntag spielte jemand an der Orgel…« George war immer ein geistesgegenwärtiger Mann Gottes. Und er hatte schon gleich gemerkt, worauf Jeffrey hinauswollte. Und dann erzählte George alles über Catherine: »Sie war früher einmal verlobt. Aber vor drei Jahren hatte sie ihre Verlobung wieder aufgekündigt.« Jeffrey spitzte die Ohren.

»Catherine kam mit 21 Jahren zum Glauben. Und von diesem Tag an versuchte sie, ihren Henry in christliche Veranstaltungen mitzubekommen. Aber der hat sich der ganzen Sache niemals geöffnet. Und bald ließ der junge Mann die Katze aus dem Sack und sprach abfällig über Leute, die so waren, wie Catherine nun auch geworden war.

Das war mehr als schmerzlich für Catherine. Aber weißt du, Jeffrey ... Catherine wollte nicht mehr zurück in das alte Leben. Für sie war Jesus nun wichtiger als irgendein Mensch. Für sie war der Himmel wichtiger als alles andere auf dieser Welt.«

»Und dann? Drei Jahre allein?«

»Drei Jahre allein! Sie will in einem der wichtigsten Punkte ihres Lebens ganz auf Gott hören. Sie betet seit drei Jahren für den ›Richtigen‹. Und sie betet vor allem dafür, dass sie nicht an den ›Verkehrten‹ gerät.«

Denn Gott hatte ihr in den drei Jahren ihres Christseins viel gezeigt. Sie war eine Frau mit Vision. Mit Vision für ihr Leben. Und die wollte sie sich nicht von irgendeinem Mann kaputt machen lassen.

»First get a calling. Then get a man.« – »Kümmere dich zuerst um Gott und Seinen Ruf an dich. Dann erst kümmere dich um einen Mann.« Irgendwo hatte sie diesen prägnanten Satz aufgeschnappt und dann in ihre Gemeinde gebracht. Das hatte schon vielen Mädchen geholfen, auf den richtigen Mann zu warten und nicht irgendjemandem in die Fänge zu geraten, der einfach nicht in ihr Leben passen würde.

Jeffrey hatte während des Gespräches mit George kaum geredet. Er hörte ihm einfach nur zu. Das, was George ihm über Catherine sagte, faszinierte ihn aufs Völligste und reichte aus. Immerhin ging auch Jeffrey niemals mit geschlossenen Augen durch die Welt. Aber die Mädchen, die ihm gefielen, die waren oft nicht sehr geistlich. Und die, die wirklich geistlich waren, die gefielen ihm nicht. Aber hier schien das erste Mal alles zusammenzupassen.

»Ich kann dir ihre Adresse geben, wenn du möchtest«, hörte Jeffrey seinen Freund George unverhohlen sagen.

Kapitel 18

Na ja, so war es nun, wie alles anfing.

Und seither waren sieben Jahre vergangen, seitdem die beiden verheiratet sind.

Zusammen hatten sie mit einigen anderen Freunden eine kleine christliche Arbeit am Stadtrand der Metropole begonnen. Doch schon bald hatten sich ihrer Gemeinschaft immer mehr Menschen aus der großen Stadt angeschlossen. Das waren alles Menschen, denen die Unerreichten der Stadt und die vielen Verlorenen des Landes auf dem Herzen lagen.

Die ganze Truppe war ein bunt zusammengewürfelter Haufen von Jesus-Nachfolgern. Und eigentlich müsste man sagen: Die passen überhaupt nicht zusammen! Aber das große Wunder geschah: Was sich anfänglich als theologisches Hindernis zeigen wollte, das löste sich bald von selbst auf. Denn sie alle hatten nur das eine große Ziel, Menschen für Jesus zu gewinnen. »Wo das der Mittelpunkt einer christlichen Gemeinschaft und aller Bemühungen ist, da haben Streitfragen wenig Chancen, die Oberhand zu gewinnen«, sagte Jeffrey immer, und er ließ sich nie auf Leute ein, die sein Werk durch »kleingeistige Spatzengehirntheologie«, wie er es gerne nannte, aufhalten oder gar zerstören wollten.

Deshalb machte er sich sobald wie möglich heran an die große Stadt, ohne auf Unkenrufe von rechts oder links zu hören.

Und Gott hatte das augenscheinlich sehr gesegnet:

Inzwischen war aus der anfänglich zusammengewürfelten kleinen Gemeinschaft eine Gruppe von über 2 000 Personen geworden. »Das ist nicht allzu viel für eine Stadt mit über fünf Millionen Menschen«, sagte einer von denen. Aber Jeffrey war mehr als zufrieden mit dem, was Jesus in den vergangenen drei Jahren bewirkt hatte. In zwei Bezirken der Stadt wurden Buchläden mit christlichen Büchern eröffnet. Und nach zwei Jahren gab es drei Armenküchen, in denen neben einer guten Suppe und einem Stück Fladenbrot jedem das Brot des Lebens weitergegeben wurde.

Und jetzt, jetzt hatte Jeffrey ein Team zusammengeschustert mit dem Ziel, in ein paar Monaten eine Predigerschule zu eröffnen. Jeffrey hatte einen wunderbaren Namen für das neue Missionswerk, das er gegründet hatte: »Christus allen Menschen«.

Das war ein Name, der sobald wie möglich in die Tat umgesetzt werden sollte. Und es zeigte die große Sicht, die diese Gruppe hatte: Solange noch Zeit war, sollten alle Menschen von Jesus, dem Retter dieser Welt, erfahren. Und ehe nicht die ganze Welt von Jesus gehört hatte, sahen sie keine Veranlassung, mit ihrem Dienst aufzuhören.

In einer Befragung, die durch einen Reporter der größten Zeitung der Millionenstadt mit Jeffrey kürzlich geführt wurde, sagte Jeffrey: »Wir stehen nicht alleine da: Wenn wir tun, was dem Herrn gefällt, dann bestätigt Er jedes Mal unser Werk, indem Er uns alle Mittel gibt, die wir brauchen, um Seinen Willen auszuführen. Zusätzlich vergrößert Er unseren Glauben für weiteres Wirken Gottes. Er lässt Seine Knechte nicht allein. Wenn eine Sache wirklich von

Gott ist, dann ist Er es, der sie auch durchführt. Es ist ja nicht unsere Sache, es ist Seine Sache. Er ist verantwortlich dafür, dass alles geschieht, was Er uns aufgetragen hat. Und tatsächlich: Er gab uns jedes Mal zur rechten Zeit die richtigen und begabten Mitarbeiter. Und Er gab die Finanzen, die wir brauchten, um Sein Werk voranzutreiben.

Ja, das ist auch so ein Punkt: Finanzen. Manche Leute fragen uns: ›Wie macht ihr das? Womit bezahlt ihr das alles?‹ Und dann antworte ich immer: ›Gott hat für alles Seine Leute …‹ Manchmal benutzt Er sogar Menschen, die gar keine Christen sind, um uns Geld zu geben für das, was wir in unserer Stadt tun. Sie geben es einfach, weil sie sehen, dass das, was wir machen, unserer Stadt guttut. Sie sehen, dass wir nicht nur Leute sind, die sich hinter Gemeindemauern verschanzen und die Menschen draußen verdammen. Sie sehen, dass wir die Menschen lieben, dass wir zu ihnen hingehen und ihnen dienen. Und dann benutzt Gott natürlich die Nachfolger Jesu. Vorrangig tut Er das auf diesem Wege. Menschen, die dicht an Jesus sind, hören einfach Seine Stimme. Das hat Jesus selber in Seinem geschriebenen Wort – der Bibel – gesagt: ›Meine Schafe hören meine Stimme.‹ Vor einiger Zeit benötigten wir für eine Sache einen großen Geldbetrag. Wieder hatten wir das Ganze im Glauben angefangen, aber irgendwie schien es diesmal, als hätten wir uns ›übernommen‹ oder nicht richtig hingehört. Dabei waren wir uns sicher gewesen, dass das Gottes Wille sei, was wir hier taten. Doch das Geld kam nicht, und wir kamen in ziemliche Bedrängnis. Aber genau das war gut so. Denn immer wenn wir in Bedrängnis geraten, dann beten wir zu Gott ganz anders als in ruhigen Zeiten. So beteten wir auch diesmal mehr und intensiver als je zuvor. Bis … bis an einem Morgen während einer Sitzung jemand hereinkam, der uns mitteilte, dass jemand aus dem Ausland ein dringendes Telefonat angemeldet hatte, um mit mir zu sprechen. Ich folgte ihm zu dem Telefon, nahm den Hörer in meine Hand und meldete mich mit meinem Namen. Sogleich vernahm ich die Stimme eines mir völlig unbekannten Mannes. Er fragte mich: ›Brauchen Sie Geld?‹ Ich dachte, ich höre nicht richtig. Und ich sagte etwas ungläubig: ›Ja … wir brauchen Geld.‹ ›Wieviel Geld benötigen Sie?‹, hörte ich die Stimme sagen. Ich schwieg für einen Augenblick. Nach Bruchteilen von Sekunden, die meinem Gegenüber wie eine Ewigkeit vorgekommen sein mussten, sagte ich zunächst: ›Sie werden es nicht glauben …‹ – ›Wieviel Geld benötigen Sie?‹, lauteten wieder die Worte des Mannes auf der anderen Seite der Telefonleitung. ›112 000 Dollar‹, waren die Worte, die ich stotternd in den Telefonhörer hineinredete. ›In drei Tagen haben Sie das Geld auf Ihrem Konto‹, hörte ich den Mann sagen und vernahm ein Geräusch, das mir klarmachte, dass die Telefonverbindung abrupt beendet wurde. Während der nächsten drei Tage wusste ich nicht, was ich davon halten sollte. Doch dann passierte es: Nach diesen drei Tagen hatten wir eine Gutschrift von 112 000 Dollar auf unserem Konto! Das war eine außergewöhnliche Ermutigung für uns und für alle, die davon hörten.

Doch jedes Mal müssen wir erneut im Glauben handeln. Gott hält uns immer an einer kurzen Leine. Und wir haben gelernt, dass genau das gut ist. Es hilft, uns nicht allein auf uns selbst oder auf andere Menschen zu verlassen. Wir sind völlig abhängig von Gott! Bevor wir einen Schritt tun und etwas anpacken, oder bevor wir für Gott Sein Geld ausgeben, das Er uns für Sein Werk anvertraut, haben wir jedes Mal nichts. Alles ist zuerst immer nur in unseren Herzen. Aber dann müssen wir handeln. Und wenn wir gehandelt haben, dann tut Gott etwas. Es ist so, als ob … – bitte entschuldigen Sie diese Ausdrucksweise – es ist so, als ob Gott sehr oft erst dann tätig wird, nachdem wir im Glauben den ersten Schritt getan haben. Nun, das hört sich merkwürdig an, aber genau das ist unsere Erfahrung. Wir warten nicht, bis von Gottes Seite aus etwas geschieht, sondern wir werden tätig. Bei jedem Schritt fragen wir uns natürlich immer zuerst: ›Gefällt es Gott?‹ Wenn uns das klar ist, dann packen wir die Sache an. Und das ist das Geheimnis unseres ›Erfolges‹. Was wir erleben, das ist eigentlich gar nichts Neues. Bereits in der Bibel, im Alten Testament, gibt es eine Begebenheit, die genau das, was ich gerade sagte, widerspiegelt. Ich spreche von den Priestern, die vor der Landeinnahme Israels gewisse Glaubensschritte tun mussten. Sie mussten im wahrsten Sinne des Wortes Schritte tun, wirkliche Glaubensschritte, und erst dann hat Gott das Wasser des Jordans stehen lassen. Das Volk konnte trockenen Fußes den Fluss überqueren und das verheißene Land einnehmen.

Es gibt Menschen, die haben uns vorgeworfen, wir würden Gott herausfordern, wir würden Ihn mit unseren Methoden versuchen. Aber wir lassen solche Leute einfach reden. Es ist ständig so, dass Leute auf uns zukommen, uns Vorwürfe machen und uns durch ihre Belehrungen und Warnungen aufhalten wollen, Gottes Werk voranzutreiben. Wenn so etwas geschieht, dann lässt uns das nicht immer unberührt. Aber dann schlagen wir wieder die Bibel auf und lesen uns gegenseitig die Geschichte des Mauerbaues um Jerusalem herum vor, die Geschichte im Buch Nehemia. Und dann wissen wir wieder, dass wir genau das Richtige tun, und dass es solche Verhinderer schon immer gegeben hat.

Aber auch das – die damalige Landeinnahme – geschah ja nicht an einem Tag. Nicht selten ging es nur zäh vorwärts – und manchmal ging es gar nicht voran. Wenn einzelne oder das ganze Volk sich versündigt hatten, dann musste Gott nicht selten das ganze Unternehmen stoppen. Aber, so dramatisch sich das zuerst anhörte, so gut war es doch, dass es nicht weiterging. Gerade diese Zeiten, in denen nichts lief, waren für das Volk Gottes Chancen zur Reinigung, es war immer eine Einladung zur Neuhingabe und zur Ermöglichung neuer Gottesbegegnungen.

Danach ging es wieder vorwärts. Dann hieß es: ›Nicht nach hinten schauen, sondern neu nach vorne. Und neu das Land einnehmen, das Gott von Anfang an dazu bestimmt hat, es einzunehmen.‹

Dieses Prinzip aber haben viele nicht verstanden. Ich kenne viele Menschen, die stecken seit Jahren fest und kommen einfach nicht voran. Der Teufel hat sie irgendwie zu Fall gebracht, und sie standen danach nie wieder auf. Derselbe Teufel, der ihnen sagte: ›Tu es! Es ist nicht schlimm, wenn du sündigst. Erlaub es dir!‹ Derselbe Teufel sagt ihnen nun: ›Es ist vorbei. Es ist zu spät. Gott wollte dich segnen, hättest du damals nicht auf mich gehört. Aber nun kann Gott dich nicht mehr gebrauchen.‹

Das ist eine Katastrophe, wenn wir so etwas glauben. Der Einzige, der sich darüber freut, wenn wir glauben, dass es ›vorbei‹ ist, das ist der Teufel. Die Bibel sagt, dass wir bis siebzigmalsiebenmal vergeben sollen. Das gelte nur für uns

Menschen untereinander, denken manche. Aber in Wirklichkeit ist es Gottes Prinzip. Diese Idee mit dem ›siebzigmalsiebenmal‹ kommt von Gott. Und deshalb gilt es doch auch für Gott selbst! Er sagt doch nicht, dass wir Menschen anderen Menschen siebzigmalsiebenmal vergeben sollen, und tut es dann selber mit uns Menschen nicht.

›Hinfallen ist menschlich. Liegenbleiben ist teuflisch‹, sagte einmal ein alter, bewährter Evangelist.

Wäre Petrus nach seinem Komplettversagen in Selbstmitleid verfallen, hätte er sich womöglich selbst umgebracht, wie es Judas tat … Man stelle sich das vor, was dann passiert wäre! Wir hätten einen der wichtigsten und größten Apostel, einen, der uns allen so sehr ähnlich ist, nicht gehabt. Aber Gott hat all das mit Petrus genau aufschreiben lassen, weil Er will, dass wir für alle Zeit wissen, was für ein Typ Petrus war. Und was für Typen wir sind. Jeder von uns. Gott ließ diese ganze Geschichte mit Petrus aufschreiben, damit wir nach unserem ›Sündenfall‹ wieder Hoffnung haben und aufhören, uns selbst zu verdammen. Stattdessen sollen wir die Vergebung, die Jesus uns anbietet, immer wieder annehmen und auf keinen Fall ablehnen. Und dann, was geschah dann, nach dem großen Fall des Petrus, nach dem Komplettversagen des großen Mannes, der einst behauptete, er wäre der Einzige, der Jesus nie verlassen würde? Was geschah danach? Es wurde dann alles noch viel, viel besser als vorher! Jetzt war der Handelnde nicht Petrus, sondern ein viel Fähigerer. Jetzt konnte endlich Jesus die Regie übernehmen. *»Ich werde dich dahin führen, wohin du niemals wolltest.«* Und wie wunderbar hatte Jesus den Petrus nun geführt! Wie wunderbar hatte Jesus Seinen Petrus gebraucht. Und wie sehr konnte nun dieser Petrus allen zum Vorbild und Segen werden, die so ähnlich waren wir er – und die denselben Fehler machten wir er. Die so weit gingen, dass sie Jesus womöglich bis aufs Schändlichste verleugneten.

Menschen, die zerbrochen sind, sind nicht selten die Menschen geworden, die Gott erst von diesem Zeitpunkt an, dem Zeitpunkt des Zerbruches, mächtig gebrauchen konnte, weil sie endlich zu der Selbsterkenntnis kamen, dass in ihnen nichts Gutes ist. Und dass ganz allein Gott gut ist. Dass es niemanden gibt, der GUT ist, als allein GOTT.

Aber diese Erkenntnis, dass in uns nichts Gutes ist, die reicht nicht aus. Manche bleiben hier stehen und kommen trotzdem niemals in Gang, weil sie immer nur dies sagen und niemals glauben, dass es anders werden kann mit ihnen.

Gott ist nicht zufrieden, wenn wir für den Rest des Lebens stehenbleiben. Er möchte uns helfen, das Land einzunehmen, das Er uns schon immer geben wollte. Ja, und dass wir dies tun, dafür hat Er uns Seine Kraft verheißen …«

Jeffrey war immer mehr in Fahrt gekommen, während er davon erzählte, wie wunderbar Gott ist.

»Jeffrey«, unterbrach der Zeitungsmann sichtbar gerührt. »Jeffrey, das alles möchte ich nun in unserer Zeitung genauso veröffentlichen, wie Sie es mir eben geschildert haben. Genauso. Genauso, wie ich es mitgeschrieben habe, während Sie das alles berichtet haben.

Lange Zeit später erfuhr Jeffrey, dass der Zeitungsmann tatsächlich fast alle Worte mitgeschrieben hatte und dass alles fast wörtlich auf einer ganzen Zeitungsseite einer Wochenendausgabe erschien. Das Ganze wurde dann, ohne dass man es erwartet hatte, die Schlagzeile des Jahres, die dazu führte, dass noch mehr Leute sich Jeffreys Gemeinde anschlossen. Das allein wäre schon wunderbar gewesen. Aber nach Jahren erfuhr Jeffrey, dass gerade durch diesen Zeitungsbericht in der Fünf-Millionen-Metropole zwei neue Werke ins Leben gerufen wurden, die wiederum Ungezählten zum Segen wurden. Hunderte wurden durch das eine neu ins Leben gerufene Werk in »seiner« Stadt zum ewigen Licht geführt, hin zu dem, der sagte: »Ich bin das Licht der Welt.« Das andere neu gestiftete Werk begann eine Arbeit im Randgebiet einer großen Nachbarstadt.

So war es, wie es Jeffrey gefiel.

Gott hatte Jeffrey nämlich einst in einem Traum klargemacht, dass Er seine Truppe nicht nur für »seine Stadt« erweckt hatte. Gott machte ihm damals klar, dass sie die Botschaft der Errettung »bis an die Enden der Erde« bringen sollten.

Eine weite Sicht der Dinge war im Leben von Jeffrey immer wichtig. Sie bewahrte ihn vor Kleinkrämerei und vor Kleinkriegen, die so viel Elend in christlichen Gemeinden hervorbrachten und bis heute das Herz Gottes brechen.

Jeffrey hatte schon gleich zu Beginn seines Glaubenslebens davon gehört: Manche, die von Jesus einen klaren Auftrag bekommen hatten, Ihm zu dienen und die Verlorenen in Seinen Stall zu bringen, verloren ihre Berufung mehr und mehr aus den Augen. Sie sahen »ihren Ruf« nicht mehr darin, den Menschen draußen das Evangelium zu bringen, sondern gegen andere Christen vorzugehen, die schon drinnen waren in Gottes Rettungsboot.

Kapitel 19

»Es sagt der Mann, dem die Augen geöffnet sind, es sagt der Hörer göttlicher Rede, der des Allmächtigen Offenbarung sieht, dem die Augen geöffnet werden, wenn er niederkniet …«
4. Mose 24,3–4

Und mir, Robinson, war, als spräche eine Stimme zu mir – ob es eine hörbare Stimme war oder nur eine Wahrnehmung, die meinem Geist widerfuhr, das weiß ich nicht – es war mir aber, als spräche diese Stimme in aller Deutlichkeit: »Robinson! Robinson! Du von Gott Geliebter! Siehst du das alles?« Und ich fragte: »Was? Was soll ich sehen?« Und es war mir wieder, als hörte ich jene Stimme, die zu mir sprach: »Robinson! Stelle dich auf deine Füße! Siehe: Schaue nach Süden und nach Norden und nach Osten und nach Westen. Alles, was deine Augen erblicken, so weit du schauen kannst, soll dir gehören. Das alles will ich dir geben, was du nun siehst, dass du es in Besitz nimmst. Ich gebe es in deine Hand, dass du es zurückeroberst und bebaust und bewahrst.«

Und ich sprach zu der Stimme, die ich meinte zu vernehmen. Ich sprach mit gebrochenen Worten: »Wie? Der Erdkreis ist des Teufels und seiner Dämonen. Die Erde und die Luft ist der Ort, wo er wirkt und die Enden der Erde verführt und alles verschlingt, was ich sehe. Meine Kraft ist klein. Und die derer, die mit mir sind, ist klein. Es herrschen die Großen und ihnen gelingt, was sie planen. Es toben die

Heiden. Und wir sind so wenig, die die Deinen sind. Und unsere Kraft ist gering.«

»Geh!«, hörte ich die Stimme sagen. »Geh in der Kraft, die du hast. Es genügt. Denn meine Kraft ist in den Schwachen mächtig. Denn nicht du bist's, der das tun und vollbringen soll. Ich bin's, der in dir wirkt beides: das Wollen und das Vollbringen. Und die Wenigen, von denen du meinst, sie seien so wenig – siehe, Robinson, siehe, so ist's: Ich hatte mir einst übrig gelassen siebentausend, die ihre Knie nicht beugten vor dem Baal. Und so ist's auch jetzt. Es sind wenige, und doch sind's viele, die neben dir stehen.

Als einer Jerusalem erobern wollte mit seinem Maul und mit seinem großen Heer, als er das tun wollte, war die Kraft Jerusalems nur klein. Doch siehe, ich drehte den Spieß um. Und die, die gegen meine Stadt waren, denen sollte es nicht gelingen. Jedes Schwert sollte nun gegen die gerichtet werden, die gegen die waren, die mein sind. Und so ist's nun! So soll es sein und bleiben, Robinson. Fürchte dich nicht! Und sieh, was ich tun werde an denen, von denen du sagst, sie seien so viele und so groß und gegen dich und gegen euch.

Wenn du gehst, wohin ich dich sende, dann können große Feuer dich nicht versengen und hohe Wasser dich nicht ersäufen. Und der Boden, auf dem du gehst, wird dir nicht beschwerlich sein, denn auf trockenem Boden werde ich dich führen. Und die Füße, die dich tragen, die sollen nicht wund sein vom Gehen, und die Schuhe, die du trägst, die sollen nicht zerreißen. Und fällst du, während du gehst, wohin ich dich sende, so hebe ich dich wieder auf.

So geh nun, Robinson, mein Geliebter. In der Kraft, die du hast. Und in der Kraft, die ich dir reichen werde.«

Und ich, Robinson, als ich das zu hören meinte, war ich aufgestellt und meine Knie wankten nicht mehr, denn das Wort von dem, dessen Stimme ich hörte, ward mir zur Speise, sooft ich's vernahm.

Und ich ging in der Kraft dieser Speise. Und ich ging lange mit dem Wort, das mir zur Speise ward.

Es genügte, dass Er sprach. Denn Seine Worte waren nicht leere Worte, sondern Er.

Denn ich dachte an das, was geschrieben steht: Das Wort ward Fleisch. Er war's, der das Wort ist. Der damals auf die Erde kam, der war und ist das Wort. Und der ist's, der das Wort ist, das alles machte, und durch den alles ward im Himmel und auf Erden.

»Und Er in mir«, meinte ich nun wieder mich zu erinnern. »Das Wort in mir. Der, der das Wort ist, ist in mir. Der die Welt schuf mit Seinem Wort, das Er selbst ist, der ist in mir!«

Darum soll ich nicht warten, bis ich besser bin und kräftig von mir aus allein, sondern in meiner Schwachheit soll ich den wirken lassen und wirken sehen, der die Kraft hat – dieselbe, die alle Schöpfung hervorbringen ließ.

»Es soll nicht durch Heer oder Kraft, sondern durch meinen Geist geschehen, spricht der HERR Zebaoth.«

Darum kann ich gehen und muss nicht lange warten, denn der, der mich sandte, auszusähen, der wird mir die Körner reichen, die ich streuen soll.

Und so ging ich. In der Kraft, die ich hatte. Denn ich ging im Glauben, dass der mir hülfe, weil Er es verheißen hat.

Doch meine Knie zitterten ob der kleinen Kraft, die ich

meinte zu haben, als ich begann, zu gehen. Aber nicht lange war's so, denn Seine Kraft kam in mich. Die Kraft dessen, der Himmel und Erde und alles machte. Der war in mir. Und der wirkte nun in mir. Mehr und mehr!

Und ich machte mir keine Sorgen mehr, was ich sagen sollte, und ich überlegte auch nicht viel auf meinem Weg, welche Worte ich wählen sollte, denn der mich gesandt hatte, der hatte gesagt: »Alle Sorge wirf auf MICH, denn ich sorge für dich. Nicht du bist's, der reden soll, sondern der Geist des Herrn ist es, der durch dich reden wird.« Das waren Gedanken, die mir nun in Erinnerung kamen, genau in dem Moment, als ich die Erinnerung brauchte.

Und noch mehr gestärkt durch das, was ich sonst noch wusste aus meinem BUCH, ging ich los.

Doch ich, Robinson, ich dachte und sagte mit lauter Stimme:

»*Wohin* soll ich gehen? Wohin sendest Du mich, mein Herr?«

Und ich vernahm wieder jene Stimme, die ich aber nicht hörte wie die Stimme eines, der laut neben mir rief. Ich hörte in meinem Geist, der mehr ist als mein Ohr – ich hörte sagen:

»Du wirst es sehen!«

Und ich ging, obwohl ich nicht wusste, wohin ich gehen sollte. Denn ich dachte: Der mich gesandt hat, der wird's wohl richten.

Und so ging ich. Und ich dachte nach Tagen und sprach wieder: »Wohin sendest Du mich?«

Und mir war, als sei alles stille um mich herum. Denn ich

erwartete jetzt, dass eine laute Stimme mich führte, und ich dachte: So muss es doch sein! Denn ich hörte ein Donnern. Ich dachte: Ist's das, woraus der redet, der mich sandte? Aber das war's nicht. Und mir war, als hörte ich wieder diese Stimme, die ich kannte und die schon so oft zu mir sprach. Es war mir, als sagte sie: »Nicht im lauten Sausen rede ich. Nicht immer im Donnerschall wie an jenem Berg, als ich einst sprach zu meinem Volk. In leisem Reden will ich reden zu dir. Denn so viel wird geredet. Und laut ist's um dich herum. Doch ich will reden zu dir in kleiner und säuselnder Stimme.«

»So geh in deine Kammer! Und schließe diese zu, dass du nicht denkst, dass jemand kommen könnte und du nur dieses denkst und nicht mehr auf mich hörst und abgelenkt wirst. Dort, in der Kammer, will ich reden zu dir! Und es wird sein, dass du meine Stimme vernehmen wirst. Nicht laut, wie ich laut war am Berge. Denn durch ein leises Säuseln und Rauschen will ich mich melden. Und du wirst wissen, wann ich es bin, der zu dir spricht, denn meine Schafe hören meine Stimme, denn sie kennen ihren Hirten. Und du bist mein Schaf und ich bin dein guter Hirte. Lerne mehr und mehr, wie es ist, wenn ich rede, damit du weißt, ob ich es bin oder nur lauter Wind. Denn das musst du! Hinzulernen! Höre auf das, was ich dir sage – in der Kammer. Und dann tue. Denn das ist Gehorsam: zuerst hören und dann tun.«

KAPITEL 20

Und ich ging in eine Kammer, die ich irgendwo fand. Und ich schloss den Riegel, der an der Tür war.

Doch ich ging in diese Kammer nicht allein, sondern zusammen mit meinem BUCH, das ich immer las. Denn ich wollte sicher sein, dass das, was ich hörte, nicht dem widersprach, was in meinem BUCH geschrieben stand. Denn sicher gab es nicht wenige, die falsche Träumer waren, falsche Dinge redeten und meinten, Gott hätte zu ihnen geredet – weil sie nicht mein BUCH haben oder die mein BUCH haben und nicht darin lesen.

Die Worte, die ich zuerst las in der Kammer, die bauten mich auf, der ich manchmal zerschmettert ward, wie auch diesmal, als ich begann, in die Kammer zu gehen. Doch je mehr und je länger ich las in meinem BUCH, desto mehr und deutlicher vernahm ich die Stimme dessen, der mich liebte.

Und ich lernte neu, was ich schon längst wusste: Der, der zu mir reden will, der redet deutlicher, wenn ich Sein Wort vor mir habe und es lese. Denn der, der das Wort ist, redete immer dann am deutlichsten zu mir, wenn ich Sein Wort in mir hatte, das in meinem BUCH stand. Und ich dachte, so ist es und nicht anders: Der, der zu mir reden wollte, das war ja der, der von sich sagt, dass Er das Wort ist.

Und so ging's dann weiter: Meine Worte, die ich in der Kammer zu dem sagte, der mich liebt, diese meine Worte, die ich zu dem sagte, der zu mir reden sollte, die waren schwach. Aber ich ließ mich nicht abhalten von meiner

Schwachheit. Denn je länger ich redete mit dem, der mich liebt, desto stärker und deutlicher wurden meine Worte zu dem, der sagte: »Geh in die Kammer und schließe zu.«

Und während ich in meiner Kammer war und las und lauschte und mit dem redete, der mich liebt, hörte ich mit meinen Ohren, wie jemand rief draußen vor der Tür. Und ich ward stark versucht. Und ich dachte: »Geh jetzt hin zu dem, der dich draußen ruft.«

Doch meine Knie erhoben sich nicht vom Sprechen mit dem, der mir sagte: »Geh in die Kammer, verschließe sie und bete zu deinem Vater im Himmel.« Und ich sagte: »Nein, ich gehe nicht zu dem, der mich draußen vor der Kammer ruft. Denn das, was ich draußen höre oder tue, kann nicht mehr sein, als das, was ich hier höre in meiner Kammer und was ich dann später tun werde, nachdem ich zuerst gehört habe auf den Ewigen.«

So weigerte ich mich, mich abhalten zu lassen, zu tun, was Er mir *jetzt* zu tun hieß. Denn ich erinnerte mich wieder an jenes, was Nehemia, der Mann Gottes, tat, als Gott ihn hieß zu tun, was Er wollte, dass es getan wird.

Und ich weigerte mich, jetzt zu tun, was die da draußen wollten. Denn immer werden wir meinen, irgendetwas zu tun zu haben. Und immer wird es solche geben, die etwas von mir wollen. Aber Ihn habe ich nicht allezeit, der jetzt zu mir sprach, dachte ich und ließ mich nicht stören von dem Lärm, der draußen war und von dem ich dachte: Wer weiß, wer den geschickt hat, der an meiner Kammertür poltert.

Denn nur das ist es, was der kann, der Gottes und mein Feind ist: poltern und laut sein und schreien mit seiner Stimme.

Und ich dachte: Das ist nicht die Stimme dessen, der jetzt ist in meiner Kammer. Denn die Stimme in meiner Kammer war leise und die draußen laut und immer lauter.

Und der, der jetzt zu mir sprach, der wollte zuerst reden zu meinem Geist. Und nicht zu meiner Seele allein wie der oder die da draußen. Nicht zu meinem Verstand allein wollte der reden, der der Geist ist, sondern jetzt zu meinem Geist, den Er uns und mir einhauchte, nachdem Er den Leib geschaffen hatte.

Zu ihm, zu meinem Geist, will der reden, der ewig ist und der auch Geist ist.

Und ich blieb bei dem, was ich mir vornahm. Und ich ging nicht von meinen Knien.

Doch als ich kniete, ward es mir, es ward mir dauernd, als riefe man mich jetzt umso lauter und bald mit lautem Schrei: »Steh auf von deinen Knien! Du könntest nun draußen wirken. Du könntest dem helfen, der draußen poltert. So viel ist's, das du tun könntest, während du daliegst und nichts tust und nur betest.«

Aber ich achtete wieder nicht auf die Stimmen, die mich jetzt von meinen Knien zwingen wollten. Und ich sagte:

»Nein!«

Und ich rief es mir selber zu und allen, die mich von meinen Knien reißen wollten, und ich sagte mit so lauter Stimme, dass auch die es hören konnten, die draußen waren:

»Nein!«

Sollte ich nun den verlassen, den meine Seele liebt? Sollte ich nicht bei dem bleiben, den ich nun gefunden hatte, den, den ich so lange suchte?

Denn ich hatte nun den gefunden in meiner Kammer, der Himmel und Erde gemacht hatte. Und der nun so dicht an mir war, dass ich Ihn liebkoste mit meinen Lippen.

Denn ich erinnerte mich, schon über achtzig Mal gelesen zu haben in meinem BUCH, dass Christus ein liebender Bräutigam ist und ich Seine Braut. Seine Geliebte, nach der Er sich so sehr sehnt, dass Er für mich den Himmel verließ. Und das war längst nicht alles. Er war bereit, für mich und an meiner Stelle in den Tod zu gehen! Das alles tat Er, damit Er mit mir die Ewigkeit im Himmel verbringen kann und mich ewig an Seiner Seite hat.

»Wo ist solch ein Gott, wie Du!«, dachte ich. »Wo ist solch ein Gott, der alle meine vielen und unzähligen Sünden vergeben und in die tiefste Stelle des Meeres geworfen hat! Wo im Universum gibt es einen zweiten Gott, der so ist wie der Gott, den ich gefunden habe, der Seinen Zorn, den ich hundertfach verdient hätte, dass Er den nicht für immer mir gegenüber behält! Der meinen verdienten Zorn auf sich selbst nahm und ihn an sich selbst auskühlte!«

Sollte ich jetzt, da alles mich draußen vor der Kammer wegrief von Ihm, sollte ich nun den verlassen und nichtige Dinge tun, die noch später getan werden können?

So wollte ich lieber zu den Füßen dessen liegen, der für mich starb, und mit dem kostbarsten Öl, das ich besaß, die Füße dessen benetzen, der mich liebt. Ich wollte lieber die »Wartung des Tisches« versäumen, in schlechten Ruf geraten und mir nachsagen lassen, ich sei ein fauler Kerl, und nun so handeln wie Maria, die das viel Bessere erwählt hatte, als den Fehler zu tun, jetzt, da Er so dicht an mir war und ich so dicht an Ihm, die Liebkosungen zu beenden, die ich nun mehr und mehr erlebte in meiner Kammer.

Denn dazu genau fühlte ich mich in dieser Minute gerufen: Ihn zu lieben, um danach Weltenbezwinger zu sein, der viele rettet aus der Welt des Truges und aus dem Reich Satans hinein in Gottes Reich.

Als ich diese Worte dachte und immer näher an den kommen wollte, der mich nun liebte, dachte ich plötzlich an den großen Apostel, der von sich aus sagte, er sei der Geringste unter allen Aposteln, und der sagte: »Ich bin der Sünder erste.« Daran kam ich nun in Erinnerung, während ich dicht an dem war, der mich liebte. Und es war gut so, denn ich dachte: Ich will nicht über das hinaus, was die Schrift sagt, und nicht stolz werden, denn den Stolzen kennt der Herr von ferne.

Das wollte ich nicht: von Ihm nur aus der Ferne »erkannt« werden. Stattdessen in Demut bleiben und Seine Gnade empfangen.

So war, nachdem das geklärt war, auch für mich die Tür geöffnet zu großem Wirken, dachte ich. Denn zuerst hatte der stolze Religiöse in den Staub fallen müssen, bevor er von Gott gebraucht wurde zu großem Wirken. So ließ mich der Ewige, als ich Ihm nahen wollte, ebenfalls von meinem hohen Ross steigen, bevor Er mit mir weiterredete.

Und der, der mich liebt, der sagte zu mir jetzt:

»Lass dir an meiner Gnade genügen; denn meine Kraft ist in den Schwachen mächtig.«

Denn »nicht die Mächtigen dieser Welt hat Gott erwählt,

sondern was nichts ist, das hat Gott erwählt, um zunichte zu machen, was etwas ist in dieser Welt.«

Doch wen hatte Gott da erwählt?

War ich nicht viel untauglicher als all die Großen dieser Welt? Hätte Gott nicht gerade diese wunderbar gebrauchen können, Sein Reich in dieser Welt voranzutreiben?!

Und ich?

Denn schon wieder kamen mir die Worte von eben bei allem Nachsinnen über alles ein zweites Mal in den Sinn. »Ich bin der Sünder Vornehmste.«

Denn ich wusste schon, was und wie mein Leben war, bevor ich den kennenlernte und liebte, den ich nun liebe. Und ich wusste, welche Kreatur in mir bis zum heutigen Tag sein grässliches Haupt erheben kann, nachdem ich sagte: »Ich gehe mit Dir in den Tod«, und welche Ihn morgen schändlich verleugnen kann.

Aber das alles sollte mich, wenn es denn passierte, nicht aufgeben lassen, Ihm nachzufolgen, denn ich selber war traurig über mich selbst und weinte bitterlich über jegliche Grässlichkeiten in meinem Leben. Und so dachte ich: All diese Ehrlichkeiten waren über jene Jünger in meinem BUCH niedergeschrieben, damit ich mich nicht auf mich verlasse, sondern auf den, der nun in mir lebt. Die Gnade war erschienen, damit ich nun ein anderer sei als der, der ich ohne ihn war und bin, der die Gnade war und ist.

Und so wollte ich nicht einen Schritt tun ohne den, den meine Seele gefunden hatte. Und der mir jetzt so nahe war, dass Er mich berührte.

Und ich verharrte lange Zeit so, wie ich vor Ihm war.

Und ich rührte mich nicht, denn ich war einfach bei Ihm.

Und Er tat – als ich nichts tat und nur bei Ihm war und wir uns berührten – mehr als das, was ich getan hätte, als ich gerufen wurde von denen draußen vor meiner Türe.

Denn als ich ganz dicht bei Ihm war, wirkte Er Göttliches und Ewiges, ohne dass ich jetzt wirkte als der, der nur Menschliches und Vergängliches gewirkt hätte.

Und ich ging, ich ging durch die Kraft, die Gott mir gab, nachdem Er mich berührt hatte und ich Ihn, während ich einfach nur an Seiner Brust verharrt hatte, viele Tage lang.

Denn ich war verwandelt und nicht mehr der, der ich war und der ich bin, wenn Er nicht »in mir« ist und ich nicht »in Ihm« bin. Und ich wollte nichts mehr anderes, als bei Ihm und in Ihm sein. Der sollte von nun an immer »in mir« sein, der ich Seine »Braut« bin.

Wie anders auch sollte bleibende Frucht entstehen, dachte ich, wenn nicht Er »in mir« ist, der ich Seine »Braut« bin.

Das war für mich von nun an mehr und wichtiger, als hätte ich Werke getan, ohne dass Er »in mir« wäre und ich »in Ihm«.

Und nun, während wir »eins« waren, wurde vieles klar und offenbart, was schon immer in meinem BUCH stand, ich aber nie recht verstand. Nun, da Er meine Lippen berührte, standen plötzlich alle Worte der Verheißung, die ich immer schon kannte, die aber für mich nicht selten Worte mit sieben Siegeln waren, so klar vor meinem Geist, dass ich vollends in Seinem Licht nun alles verstand und *alles* glauben konnte, was geschrieben stand.

Denn nun, da ich eins war mit »meinem Geliebten«, hatte ich nun denselben Glauben, den mein Geliebter hat. Ich hatte den »Glauben Gottes«! Ich hatte den Glauben, den Gott selbst hatte!

Und ich hörte auf, nur glauben zu wollen mit meinem Verstehen und mit meinem Wollen und mit meinem Wünschen.

Denn jetzt war er da: der Glaube, der Berge versetzen konnte. Denn den Glauben, von dem Er redete, dass auch wir ihn haben könnten, jener Glaube, den der hatte, der Himmel und Erde mit einem Wort allein machte, den hatte auch ich nun!

Jetzt hatte ich ihn, den Glauben Gottes, der wie Er spricht: »Hebe dich hinweg, Berg!«

Das verstand ich nie, wie das gemeint war, obwohl ich es schon so oft gelesen hatte in meinem BUCH. Aber nun war es, dass ich das glaubte, was Er verheißen hatte.

Denn dass viele Berge vor mir stehen würden, wenn ich diese Welt für Gott zurückerobern sollte, das merkte ich.

Und es war mir wieder, als hörte ich die Stimme, die mir immer vertrauter wurde, je mehr ich ihrer lauschte. Und es war mir, als sagte sie mir:

»Du hast recht gemerkt. Denn das ist's, das alle meine Knechte erleben, dass Berge vor ihnen sind.

Doch ich will vor ihnen und auch vor dir das Höckerige eben machen. Ich will den Weg ebnen, auf dem du einhermarschieren sollst.

Mein Recht soll durch dich in diese Welt kommen. Und du wirst viele zur Gerechtigkeit führen, und auf den Pfad des Lebens werden die gelangen, die mein Wort durch dich hören und schmecken werden.«

Und ich dachte: Das genügt!

So muss ich nicht mehr von mir alles abhängig machen, sondern von dem, der mich gesandt hat.

Denn nicht der Soldat ist zuständig für seine Rüstung, sondern der, der ihn sendet.

Und nicht der hat Vollmacht in sich allein ohne den, der ihn gesandt hat, sondern die Vollmacht hat der, dem sie gegeben ist von dem, der ihn gesandt hat.

Und sagen, wohin ich gehen soll und was ich tun soll, das würde der, der mich sendet.

Und ich blieb erst einmal dort, wo ich war.

Denn ich dachte: Er wird es zeigen, wohin ich gehen soll. Denn ich sagte auch: »Weise mir Herr, *Deinen* Weg. Den Weg, den ich gehen soll.« Dass ich nicht eigene gut erdachte und gut gemeinte Wege gehe und dann sagen muss: Es war gut gemeint, doch schlecht gemacht.

Und ich vertraute dem, den ich nun vollends liebte und der mich nun gänzlichst »erkannte«. Dem vertraute ich, dass Er mich führen würde, denn nun war Er »in mir« und wir beide »eins« und Er brachte mich nun mit sich selbst da hin, wo Er hin wollte und ich hin sollte.

So war es bei Jesus, dachte ich, der immer mit dem Vater eins war und der dahin ging, wo der Vater, mit dem Er

»eins« war, ging. Und ich dachte, als ich das erkannte: Darum konnte Jesus am Ende sagen: »Es ist vollbracht.« Alles, was Gott in Jesu kurzem Erdendasein wollte, das war nun vollends erfüllt.

So dachte ich: »Was alles könnte geschehen, wenn Jesus nur *ganz* in uns wirken könnte und Er mit uns das tun könnte, was Er tun möchte, und uns mit Ihm dahinführen könnte, wohin Er uns führen möchte, um das zu tun, was Er getan haben möchte.

Während der große Apostel Paulus wandelte, musste auch er gute Wege versucht haben. Doch erst, als Gottes Geist ihn dahin führen konnte, wohin der Geist gehen wollte, da geriet er in fruchtbare Gefilde. Dort fand er alsgleich Lydia, ein offenes Herz, das schon lange auf der Suche nach der Wahrheit war.

Das alles war geschrieben in meinem BUCH, dachte ich, weil auch wir so oft gehen, aber so wenig geschieht. Und es sollte den ermutigen, weiterzugehen, nachdem er Gott reden gehört hat und bis er mit Ihm »eins« ist.

Kapitel 21

Und wieder überlegte ich eine Zeit und noch eine Zeit. Und ich dachte nach über das, was viele »Nachfolge« nennen. Und ich dachte: Wie oft wird dieses Wort wohl falsch verstanden. Und ich sprach zu Jesus: »Offenbare mir, was Du meinst, wenn Du sagst: ›Folge mir nach.‹«

Denn ich dachte: »Wie mühsam machen es sich viele Menschen, um Jesus nachzufolgen!« Ich kam in wirkliche Bedrängnis, als ich die ganze Zeit nachdachte über das Wort »Nachfolge«.

Wie viel mehr würden wir, dachte ich, anstatt mit gesenktem Haupt mit erhobenem Haupt durch die Welt gehen und siegreich sein, wenn wir wirklich verstünden, was und wer Jesu Nachfolger sind.

Alle Groschen fielen, als ich nun nachdachte über den Sohn dessen, dem der Betrieb gehörte, in dem ich vor meiner Verschlagenheit auf jene Insel arbeitete. Der alte Mann, der Mann, dem der Betrieb gehörte, der sagte einst vor uns allen, die wir in jenem Betrieb arbeiteten, zu seinem Sohn: »Du, Sohn, bist nun mein Nachfolger. Ich übergebe dir die Schlüssel für diesen ganzen Betrieb. Was du tun wirst, das wird für den ganzen Betrieb Folgen haben. Und was du nicht tust, das wird ebenfalls Folgen haben für diesen ganzen Betrieb. – Lieber Sohn«, sagte er zu ihm im Beisein aller anderen, »mein lieber Sohn, ab heute bin ich nicht mehr in diesem Betrieb, denn ich verlasse ihn. Ab heute vertrittst du mich hier und bist wie ich. Ich übergebe dir sämtliche Vollmachten und alle Konten, mit denen du machen kannst und machen sollst, was ich in diesem Betrieb bisher getan habe. Du bist ab sofort mein Nachfolger.«

Und nun schaute der Alte nicht mehr zu seinem Sohn, sondern zu uns allen und sprach: »Das ist mein Nachfolger. Er ist wie ich. Und er führt weiter, was ich angefangen habe.«

Und ich dachte, als ich all das erkannte: Das ist wunderbar. Nachdem nun Jesus damals die Erde verließ, machte Er uns zu Seinen Stellvertretern, die so sind wie Er, wie der Vorgänger. Genauso wie Ihm, Seinem Sohn Jesus, der Vater alles in Seine Hand übergab, um den Willen Seines Vaters zu tun, so übergab Jesus nun uns, Seinen Jüngern, alles in unsere Hand, um das fortzuführen, was Er angefangen hat.

»Das, das ist Nachfolge«, sagte ich mir nun: »sein wie Er! Und das sind Nachfolger: die so sind, wie Er.«

Als ich das so für mich dachte und ich über meine Erkenntnis nachgrübelte, war ich für kurze Zeit sehr angefochten und dachte: Ist das nicht Lästerung unseres Gottes? Kann ich das so behaupten und so sagen?

Doch ich ließ mich nicht beirren, denn ich dachte: Von wo und von wem kommt nun diese meine Anfechtung? Kommt sie von Gott oder kommt sie vom Teufel?

Ich dachte weiter: Einer ist es doch, der großes Interesse daran hat, dass ich nicht erkenne, in welchen Stand Gott mich erhoben hat, nachdem Er mir alle meine Sünden vergeben hat. Jetzt war ich ein Sohn Gottes! Zu Söhnen und zu Töchtern Gottes hat Er, der den Himmel für uns verließ, uns gemacht. Und sollte Er, der das tat, uns nicht alles geben, was Er auch hatte?

Ja, dachte ich, wenn wir verstehen, wer und was die Söhne

und Töchter Gottes hier auf Erden sind, dann sind wir eine große Gefahr für den Feind Gottes.

So war mir nach all diesen Überlegungen klar, dass meine Anfechtung nicht von dem gekommen sein kann, der uns zu Söhnen und Töchtern Gottes gemacht hatte, denn aus Seinem Mund kann nicht Süßes und Bitteres zugleich kommen. Er ist nicht wie ein Mensch, der etwas sagt und nicht tut, sondern der hält, was Er verspricht.

Wer das in Wahrheit begreift, dachte ich, der hat den wahren Schlüssel zum Erfolg gefunden.

Kapitel 22

Und wieder verging eine Zeit. Und eine weitere Zeit verging. Und ich dachte: Wann ist's, dass *ich* gesandt werde?

Denn es verstrich geraume Zeit, in der nicht geschah, was ich gehört zu haben meinte.

Doch ich machte weiter. Weiter. Denn ich dachte: Ich will zuerst treu sein in dem Kleinen, obwohl ich in meinem Geist schon das Große sah.

Doch jetzt? In diesen Augenblicken? Ich wollte noch nicht über das hinaus, was Gott jetzt von mir wollte. In dieser Stunde. Denn ich glaubte: Jesus kann auch da Großes tun, wo ich gerade bin.

Und ich ging die Straßen entlang. Und ich dachte: Wie viele Menschen leben hier!

Und ich sah plötzlich einen, der am Straßenrand stand. Und ich dachte, der ist ärmer als der Junge, dem ich einst begegnete und dem ich alles gab, was ich hatte! Und ich sagte, jedoch so leise, dass es niemand vernehmen konnte: »Unberührbar! Unberührbar ist dieser! Der gehört zu denen, die niemals erreicht werden können mit dem Evangelium, das ich habe.«

Und mir war, als spräche jetzt der, den meine Seele liebt:

»Auch den liebe ich. Nicht nur dich und die anderen.«

Doch ich war halsstarrig und sagte: »Der ist aussätzig! Der will nichts hören von dem, was ich ihm sagen könnte, denn *ich* habe keinen Aussatz.«

Und ich meinte wieder dieselbe Stimme zu vernehmen, von der ich dachte, dass sie gerade zu mir gesprochen hatte: »Habe ich das Ohr gemacht oder hast du es gemacht? Kann nicht der, der dem Mann das Ohr machte, machen, dass es diesem hier geöffnet wird, den du da siehst? Königen kann ich das Herz lenken. Kann ich nicht bei diesem machen, dass er auf deine Worte hört?«

Und ich sprach: »Ja, Du kannst es! Du kannst alle Dinge. Und nichts, was Menschen unmöglich ist, ist Dir unmöglich. Aber wie soll ich es sagen, was Du diesem sagen willst?«

Und ich vernahm wieder diese Stimme, die nun deutlicher zu sein schien als am Anfang:

»Sagte ich es dir nicht soeben? Kann nicht der, der diesem die Ohren öffnen will, auch dir den Mund geben, der redet, was und wie ich geredet haben will?«

»Mach dir nicht vorher Gedanken, wie und was du reden sollst. Ich will dir Mund und Weisheit geben, denn nicht du bist es, der reden soll zu diesem, sondern mein Geist. Denn ich will sprechen zu diesem und zu allen anderen, die auch zu meinen Schafen gehören sollen und die ich ebenfalls in meinen Stall führen möchte. Denn es gibt noch so viele verlorene Schafe, die anders sind als du. Auch sie will ich in meinen Stall führen.«

Und die Stimme, die ich zu vernehmen meinte, sagte nun:

»Geh über die Straße hin zu dem, zu dem ich reden möchte. Und sprich zu ihm: ›Der Herr bedarf deiner.‹«

Und ich dachte: »Was sind das für Worte?«

Und ich hörte wieder: »Sage ihm: ›Der Herr bedarf deiner.‹

Denn er wird verstehen, was ich meine. Denn ich bin es, der ihn verstehen lässt, was ich will.«

Und ich ging hin. Und ich sagte ihm die Worte, die ich selbst nicht gesagt hätte, wenn ich allein gegangen wäre zu dem, den ich nie angesprochen hätte. Und ich sagte ihm: »Der Herr bedarf deiner.«

Verdutzt schaute mich der an, der nie dachte, dass einer wie ich einen Unreinen ansprechen würde.

Und ich sagte ein zweites Mal: »Der Herr bedarf deiner.«

Und Tränen kamen in die Augen dessen, dem ich das sagte.

Und er sagte mit gebrochener Stimme zu mir: »Das hat eine andere Stimme mir gerade auch gesagt, bevor du es mir sagtest. Es waren dieselben Worte. Dieselben Worte waren es, die du mir soeben sagtest. Es geschah in dem Augenblick, als ich auf dieser Straßenseite war und meinem Leben gerade ein Ende setzen wollte. Da sprach eine Stimme, die ich nie zuvor hörte und die ich nicht kannte, zu mir: ›Tue es nicht! Tue es nicht! ICH bedarf deiner.‹

Und jetzt sagst du, der du von der anderen Straßenseite kommst auf diese Straßenseite, an der alle anderen immer vorbeigehen, dieselben Worte, du sagst: ›Der Herr bedarf deiner.‹

Wer ist der, der mir sagte: ›ICH bedarf deiner‹, und der dir sagte: ›Sag dem da drüben die Worte: »Der Herr bedarf deiner«‹?«

»Verstehst du nicht, was dir gesagt ist?«, fragte ich den, der mit mir sprach.

»Wie? Wenn mir nicht jemand sagt, wer der ist, der mir gesagt hat: ›ICH bedarf deiner.‹«

Und ich sprach: »Es ist der, den ich gefunden habe und den ich jetzt liebe, seit ich das BUCH las, das ich in meinen Händen trage.

Der, der das sagte, ist *Jesus*. Der hat gesagt: *›Der Geist des Herrn ist bei mir, darum dass Er mich gesalbt hat; Er hat mich gesandt, zu verkündigen das Evangelium den Armen, zu heilen die zerstoßenen Herzen, zu predigen den Gefangenen, dass sie los sein sollen, und den Blinden, dass sie sehend werden sollen, und den Zerschlagenen, dass sie frei und ledig sein sollen. Und zu verkündigen das angenehme Jahr des Herrn ... das Gnadenjahr des Herrn.‹*

Denn wir alle waren einst nicht in Gnaden. Nun aber sind wir begnadigt. Denn Er wurde von Gott zu unserer Jammer-Kreatur gemacht und trug diese unsere Kreatur auf das Kreuz, das du an dem Gebäude siehst, das auf der anderen Straßenseite steht.« (Ich zeigte auf eine Kirche auf der anderen Straßenseite, auf dessen Außenmauer ein großes, allen sichtbares Kreuz angebracht war. Dieses Gebäude mit dem großen Kreuz sah ich erst, während ich mit dem Mann redete.)

»Dies, dass der Herr, unser Gott, an das Kreuz durch Seinen Leib auch unseren jämmerlichen Sündenleib trug, das ist geschehen vor langer Zeit. Und jeden, der nun glaubt, dass Er es ›FÜR MICH‹ getan hat, den macht Er zu Seinem Kind. Zum Kind des Schöpfers aller Dinge macht Er diese.«

Diese Worte sagte ich zu dem Mann, und ich wunderte mich darüber, wie ich es sagte und dass er mir zuhörte und mir an den Lippen hing.

»Ist's für mich auch, was dieser tat?«

»Für dich getan!«, sagte ich dem, der mich fragte. »Nimm's im Vertrauen, in vollem Glauben, und danke dem, der auch dir sagt: ›Das ist das Kreuz, an dem ich meinen Leib für dich gab und an dem ich mein Blut vergoss für dich.‹ Blicke auf Ihn, so wirst du gerettet.

Und lass Ihn in dein Leben, der nicht wollte, dass du stirbst, sondern dass du lebst und nun die Werke des Herrn verkündigen sollst denen, die so sind wie du.«

Der Mann, mit dem ich redete, der war von einem fernen Land und anderer Farbe und konnte in diesem Moment, als ich die vielen Worte sagte, alles verstehen, was ich ihm sagte, denn Jesus hatte ihm die Ohren geöffnet, sodass er mich hörte, als spräche ich in seiner Sprache. Und Er hatte ihm auch sein Herz und seinen Mund geöffnet, sodass er zu Jesus sprach: »Ich will Dir vertrauen. Sei der Herr in meinem Leben!«

Und ich wunderte mich über das jetzt Geschehene. Aber ich erinnerte mich daran, dass dasselbe schon einmal zu Pfingsten geschah, als in Jerusalem Gottes Geist auf alle Gläubigen ausgegossen wurde, während sie in einem Haus versammelt waren, und sie von allen verstanden wurden, die aus anderen Sprachen und Ländern kamen.

Und ich dachte: Das ist es, was ich schon im ersten Teil meines BUCHES vernahm, als Gott sagte: *»Ich will meinen Geist ausgießen über alles Fleisch, und eure Söhne und Töchter sollen weissagen; eure Ältesten sollen Träume haben; und eure Jünglinge sollen Gesichte sehen. Auch will ich zu derselben Zeit über meine Knechte und Mägde meinen Geist ausgießen. Und ich will Wunderzeichen geben* *am Himmel und auf Erden ... Und es soll geschehen, wer den Namen des Herrn anruft, der soll gerettet werden.«*

Und das war nun augenscheinlich geschehen: Die Worte, die ich diesem Mann sagte, sie können nicht meine eigenen Gedanken und Wünsche gewesen sein, sondern sie müssen direkt von dem, der mich gesandt hatte, gekommen sein, sonst hätten sie nicht die Wirkung gehabt, die sie hatten. Und sie wären nicht verstanden worden, wären sie nicht von dem gekommen, der Himmel und Erde gemacht hatte.

Denn das ist's immer, was Gott tun muss, dass wir zwar reden, aber Er das Verstehen gibt.

Und ich sagte zu dem Mann, der gerade ein Kind und reicher Erbe Gottes wurde, ich sagte zu ihm: »Lass uns in diesen Raum gehen, an dem das große Kreuz hängt.«

Denn ich dachte: Es ist die Zeit für einen Gottesdienst.

Und ich sah jetzt die Vielen, die zu dem Haus strömten, an dem das große Kreuz hing.

Und ich fragte ihn: »Wie heißt du?«

Und er antwortete: »Suche.«

»Was ist das für ein Name«, sagte ich, »›Suche‹? Das ist kein Name.«

»Doch nicht da, wo ich herkomme«, sagte der Mann mit der anderen Haut. »Wir geben den Namen nach dem, was wir sind und wie wir sind. Wir alle sind auf der Suche. Aber niemand ist da, der uns sagt, wie wir finden, wonach wir suchen. Doch du hast getan, was der Allmächtige dich tun hieß, und hast mir gesagt, wie ich finde, was ich suche. Nun aber will ich nicht mehr ›Suche‹ heißen, sondern ›Gefunden‹, denn ich habe heute gefunden, wonach ich so lange suchte.«

Das alles konnte dieser Mann sagen, weil sich Gottes Geist seiner bemächtigt hatte und ihm von nun an alles sagte, was er wissen musste.

Und ich staunte über das, was Gott an diesem getan hatte in allerkürzester Zeit, denn er wusste nun vieles von dem, was ich wusste. Und ich dachte: Wie kann es sein, dass dieser nach ein paar Augenblicken so viel erkennt?

Da wurde mir klar, dass das stimmt, was ich in meinem BUCH schon so oft gelesen, aber nie recht verstanden hatte: dass er jetzt nicht nötig hat, von mir belehrt zu werden, sondern dass jetzt der Geist, der in ihm lebt, ihn lehrt. Und ich hatte den Eindruck, der weiß mehr und der ist weiser als viele Theologen dieser Welt.

Und ich führte ihn nicht nur zu Jesus, sondern jetzt auch mit mir. Und wir gingen in das Haus, an dem das große Kreuz befestigt war.

Und ich sah viele freundliche Leute dort. Aber ich sah nur solche, die so aussahen wie ich. Und keinen, der so aussah wie der, der gerade gesagt hatte: »Ich will nicht mehr ›Suche‹ heißen, sondern ›Gefunden‹.«

Doch ich schämte mich nicht, ihn mitgebracht zu haben, wie er war. Denn er hatte kein Geld für neue Kleider. Und auch anderes war an ihm ganz anders als bei denen, die wir nun in diesem Gotteshaus fanden.

Und ich sah, als wir beide den Raum betraten, dass manche ihr Angesicht abwandten von dem, der neu in diesen Gottesdienst kam. Denn er hatte weder Gestalt noch Schönheit. Sie sahen ihn, aber da war keine Gestalt, die ihnen gefallen hätte.

Und ich dachte. Nicht anders ging es dem Herrn der Welt, dem, der die Welt machte und der sie erlöste, weil sie verloren war.

Und ich dachte: Der, der ist's! Dieser andere ist's, der die anderen erreichen wird, die wir nicht erreichen können, und die ebenfalls nicht so sind wie wir, und die ebenfalls keine Gestalt und Schönheit haben.

Und wieder war es ein Gottesdienst wie damals, so ähnlich war er wie der, als man mich bat zu sprechen, und als so viel geschah, nachdem Gott durch mich sprach. Denn einer sagte wieder: »Wenn Gott zu dir gesprochen hat, dann teile es uns allen mit.«

Und ich sprach zu dem Mann, der gerade vom Tode zum Leben durchgedrungen war – der nun völlig anders aussah als noch vorhin, obwohl er dieselben Kleider trug wie vorhin, denn die Haut seines Angesichtes glänzte, weil er dem begegnet war, der ihn gerade errettet hatte vom Tode zum Leben – ich sagte ihm: »Erzähle den andern, was der Herr dir Gutes getan hat.«

Und ich ging nach vorne mit dem, dem Gott gerade so Gutes getan hat.

Und er erzählte alles, was der Herr gerade an ihm getan hatte. In gebrochener Sprache und mit nicht gewählten Worten tat er dies.

Und wieder erlebte ich, was ich in jener Versammlung erlebte, als Gottes Geist herunterkam auf alle, die dem Wort dessen zuhörten, der da vorne redete.

Denn als der Mann seinen Mund öffnete, war sogleich tiefe Stille im Raum. Und wieder sah ich viele Tränen, die sogleich in die Augen vieler traten.

Und als der Mann aufhörte zu reden, sprach der, der die Versammlung leitete:

»Niemals hat jemand zu uns so geredet wie dieser hier.«

Und ich sah alle Köpfe nicken, die ich vor mir sah.

»Nie hat einer geredet so wie dieser hier! Und immer dachten wir … wir dachten immer: Diese da draußen wollen nichts hören von dem, was sie retten könnte. Und wir haben gehandelt nach unserem Unglauben. Und wir haben geerntet, was wir sagten: ›Diese werden nicht hören auf unsere Worte.‹ Doch nun erkennen wir heute Morgen neu: dass Gott nicht die Person ansieht und nicht das Volk, aus dem sie kommt. Er kann retten, wen Er retten möchte und wer Seinen Namen anruft und an Ihn glaubt. Und dass der Glaube aus der von Gott gewirkten Verkündigung kommt, die durch Gott gewirkte Verkündigung aber aus dem lebendigen Wort Gottes, das aus dem Himmel gesprochen wird.«

Denn ich hatte dem leitenden Bruder kurz vor dem Gottesdienst gesagt, dass dieser sich gerade durch ein einfaches Wort bekehrt hatte, das ich persönlich von Gott empfangen und dann diesem im Gehorsam genauso weitergesagt hatte, wie ich es empfangen hatte vom Himmel, ohne völlig zu verstehen, was und warum ich es so sagen sollte.

So war dieser Gottesdienst wieder ein »Gottes-Dienst« wie damals in Jerusalem und Samaria, als der über alle kam, der über alle kommen sollte und wollte.

So sehr und so plötzlich geschah alles, dass dieser Gottesdienst ganz anders wurde als gedacht. Denn Gott gab an diesem Morgen einem jeden ein, was er zu reden hatte. Und viele Zeugnisse und viele Geständnisse und Bekenntnisse folgten, sodass der, der die Predigt halten sollte, sagte: »Ein anderes Mal mehr« und schwieg, denn er wollte Gott nicht daran hindern, dass Er redete. Denn dieser redete heute. Und noch lange redete dieser. Denn obwohl dieser Gottesdienst schon längst vergangen war, »redete Er immer noch« weiter in den Herzen derer, die diesem Gottesdienst beiwohnten. Doch nachdem viele von Gottes Geist gewirkte Zeugnisse an diesem Morgen zu hören waren, sagten einige Anwesende: »Wir möchten aber auch noch hören, was du uns heute zu sagen hast, Prediger.« Sie meinten aber nicht mich, sondern den Leiter der Gemeinde, der meinte nun schweigen zu müssen. So fing auch er an zu reden und war, wie alle anderen Anwesenden, erstaunt, welche Worte der Gnade am heutigen Tag aus seinem Munde kamen. Denn seine Worte und Ermahnungen und Ermutigungen waren an diesem Tage von völlig anderer Art als sonst, wenn er so wenig ausrichtete mit seinen gut gemeinten Worten, sondern es waren Worte Gottes, die diese Gemeinde von da an eine völlig andere sein ließen als bisher.

So wurde auch diese Gemeinde von diesem Tage an neu erweckt durch einen einfachen Mann wie dem, der seinem Leben ein Ende setzen wollte und nun an diesem denkwürdigen Tag gerettet wurde, und weil ich den Mut hatte, meinen Mund zu öffnen und ihm die Gnadenbotschaft zu bringen, die genau dieser Mann hören musste, nachdem Gott sie mir auf meine Lippen legte.

Kapitel 23

Und wieder dachte ich nach über die merkwürdigen Dinge, die ich erlebte: »So ist es, dass durch mich viel geschehen kann!«, sagte ich mir. »Er ist doch ›in mir‹ und ich ›in Ihm‹. Lassen wir Ihn auf den Plan treten. Wenn Gott durch meinen einfachen Gehorsam diesen ›Fremdling‹ endlich zu sich führen konnte, dann kann Gott durch meine weiteren Taten weitere Dinge tun.«

Denn ich dachte wieder an das Gleichnis, das Jesus vom Senfkorn gab. Obwohl es so klein ist, kann nach der Saat dieses kleinen Samenkorns ein Gewächs werden, in dem alle Vögel des Himmels Platz finden.

Und an die Frau musste ich denken, die in ihren Teig nur ein wenig Sauerteig mischte und damit bald den ganzen Teig durchsäuerte.

So kann Gott diesen einfachen Mann gebrauchen, dass die Menschen auf Gottes und Seine Art erreicht werden, die wir mit unserer Art bisher niemals erreichten und niemals erreichen würden.

Und ich dachte, so könnte es doch immer wieder geschehen.

Und es geschah! Das ganze Schiff, auf dem ich reiste, kam nämlich in Aufruhr durch das, was der einst Halbtaube und nun Hörende erlebte und was dann die anderen erlebten, nachdem sie ebenfalls sich zu dem kehrten, der den Halbtauben ganz hörend machte. Denn das, was damals alle erlebten, die in jener Küche arbeiteten und die zu Tisch dienten auf dem großen Schiff, die sagten es allen anderen auf dem Schiff, denen sie dienten und die noch nichts wussten von einem Gott, der heute noch lebt. Denn viele, die einst auf diesem Schiff ihre Freude hatten, waren Heiden oder nur Religiöse. Doch die, denen die Augen geöffnet wurden von dem Lebendigen, die redeten zu denen, die noch als Heiden oder Religiöse in Finsternis lebten.

Und viele, die dem Wort zuhörten, wurden gläubig auf diesem Schiff. Große und Kleine, Reiche und Arme, Menschen in feinen Smokings und in anderen schönen Kleidern, mit denen sie an den Tischen saßen. Und die, die nur wenig hatten und von dem nahmen, was an Krumen der Reichen übrigblieb und von deren Tischen fiel.

Und so war diese Reise, die ich auf jenem Schiff machte und auf das Gott mich geführt hatte, damit ich dort von dem rede, wer Gott ist, die letzte Reise, die das Schiff mit den vielen Reichen und Schönen machte.

Denn auch der Kapitän und der, dem das große Schiff gehörte, die kamen durch das Wunder an dem einst Halbtauben und nun ganz Hörenden ebenfalls zum lebendigen Glauben an Jesus.

Und sie sprachen einmütig: »Morgen geben wir das Schiff dem zurück, der uns gemacht hat.«

Und sie hielten ihr Wort. Das Schiff wurde gefüllt von da an mit Büchern aller Sprachen dieser Welt, die so waren wie das BUCH, das ich immer bei mir trug und Tag und Nacht las. Und es sollte so sein, dass alle, die auf diesem Schiff arbeiteten, wo immer diese auch herkamen, nicht auf ihre Herkunft achteten und auf das, was sie bisher waren, sondern dass sie alle eins waren und sagten: »Wir wollen nicht mehr streiten über Dinge, die jedem verschieden widerfahren. Wir wollen tun, was der als Letztes sagte, der uns rettete von den Fluten dieser Welt: *›Gehet hin in alle Welt und predigt das Evangelium aller Kreatur.‹*«

Es geschahen viele, gewaltige Dinge auf diesem Schiff, das nun Gott geweiht war und auf dem alle, die darauf arbeiteten, ebenfalls »Gottgeweihte« waren. Und das Gebet dessen, der ihr alter und nun doch erneuerter Kapitän war, das Gebet, dass sie ›alle eins seien‹, dieses Gebet wurde erhört auf diesem Schiff, das vorher dem diente, der ein Dieb und Räuber war, und nun dem, der der rechte Hirte der Schafe dieser Welt ist.

Und die Reichen gaben das, was sie hatten, denen, die nichts hatten, damit diese für jene arbeiten konnten, die alle Mittel hatten, aber nicht auf dem Schiff dienen konnten, wie die, die vorher nichts hatten und nun alles hatten, was sie benötigten, weil sie alles erhielten von denen, die alle Mittel hatten, aber nicht in alle Welt gehen konnten.

So wurde erfüllt das Wort: »Jeder nach der Gnade, die Gott ihm verliehen hatte.« Und dass das andere auch geschähe: dass die Welt erkennt, Gott hat den Sohn gesandt.

Und das Schiff fuhr auf allen Weltmeeren. Es brachte denen, die in Finsternis lebten auf den kleinen Inseln und auf den fünf großen Inseln dieser Welt, das Licht, das jeden erleuchten soll, der in dieser Welt ist.

Doch viele, die auf diesem Schiff waren, die wurden bald zerstreut, denn es war nicht gut, dass sie immer nur zusammen sein würden. Denn einige begannen schon wieder, alles zu trennen, indem sie Gesetze machten, die nicht in meinem BUCH standen.

Und so zerstreute Gott die, die meinten, einen Turm der Erkenntnis bauen zu müssen, und in Wahrheit Gottes Werk zerstörten. Gott schickte sie fort wie damals im Tempel die, die dem Werk Gottes im Wege standen und ihre eigenen Dinge trieben mit ihren vielen Tischen.

Doch die, die taten, was Jesus ihnen zuletzt befahl, die gingen in alle Welt. Sie brachten Frucht dreißigfach und sechzigfach und hundertfach.

Kapitel 24

»Es soll nicht durch Heer oder Kraft, sondern durch meinen Geist geschehen, spricht der Herr Zebaoth.«
Sacharja 4,6

Und ich, Robinson, fragte mich: Wie, wie soll es geschehen, dass die vielen, die sehr vielen anderen, die noch gerettet werden sollen auf dieser Welt, dass auch sie gerettet werden aus der argen Welt, die sie gefangen hält?

Und ich blätterte wieder in meinem BUCH. Und ich fand die Stelle, die ich schon so oft gelesen hatte. Und ich erkannte, dass das der Schlüssel war, wie wir das tun sollen, was uns aufgetragen ist.

Und ich las diese Worte erneut, und ich las im Buche Josua, in Kapitel 10, die Verse 10 und 11: *»Aber der HERR schreckte sie vor Israel, dass sie eine große Schlacht schlugen zu Gibeon und jagten ihnen nach bis Beth-Horon und schlugen sie bis Aseka und Makkeda. Und da sie flohen den Weg herab zu Beth-Horon, ließ der HERR große Steine vom Himmel auf sie fallen bis gen Aseka, dass sie starben. Und viel mehr starben ihrer von den Steinen, als die Kinder Israel mit dem Schwert erschlugen.«*

Und ich dachte: Wie viel Arbeit im Weinberg des Herrn ist so vergeblich! So schwierig und so mühsam und so fruchtlos, weil man nicht arbeitet, wie man in Gottes Reich arbeiten soll. Es ist so viel Dürre beim Arbeiten für den Herrn, weil so viel mit *eigener* Mühe und in Schwachheit getan wird.

Und ich dachte in diesem Moment, als ich das las, was im

Buche Josua stand, an einen großen Berg. Den sah ich plötzlich vor mir. Einen großen Berg sah ich, auf dessen halber Höhe waren die Feinde des Heeres Gottes verschanzt. Und ich sah, und siehe, viele von dem Volk Gottes, die am Fuße des Berges standen, begannen, die Feinde, die auf halber Höhe waren, zu bekämpfen. Und ich sah deren große Mühe. Denn ich sah, wie sie Steine aufhoben und versuchten, von dem Fuß des Berges die schweren Steine gegen die zu werfen, die weit oben auf halber Höhe waren. Und ich sah, dass es wenig nützte, denn die Kraft derer, die die großen Steine nach oben warfen, war bald dahin. Und ich sah, wie viele bald aufhörten, die Steine gegen die Feinde Gottes zu werfen und sagten: »Es geht nicht! Wir sind zu schwach, um den Sieg zu erringen gegen die, die gegen uns sind.«

Und ich dachte jetzt an die Worte meines BUCHES, an die ich mich nun erinnerte: *»Wir haben nicht mit Fleisch und Blut zu kämpfen, sondern mit Fürsten und Gewaltigen, nämlich mit den Herren der Welt, die in der Finsternis dieser Welt herrschen, mit den bösen Geistern unter dem Himmel.«*

Und ich dachte: Das reicht nicht, dass wir versuchen, mit Kräften dieser Welt die zu besiegen, die aus höheren Teilen kommen. Die Kräfte müssen aus höheren Örtern kommen als diese, die wir besiegen wollen.

Und ich dachte, so muss es sein: Wir müssen nicht von unten die erschlagen, die auf halber Höhe sind. Gott stellte uns in himmlische Örter! Die sind höher als die Örter der Teufel. Von da aus, von himmlischen Örtern aus, müssen wir kämpfen. Und ich dachte wieder: Ja, so ist's. Wir müssen nicht von unten die Steine werfen. Wir werfen die Steine Gottes aus himmlischen Höhen auf die Feinde Gottes, die zwar auch hoch sind, aber nicht so hoch wie Gott und Sein Volk, das auf den Höhen ist wie Gott selber.

Und ich dachte wieder dieses: Warum gibt es so viel vergebliche Mühe unter denen, die im Weinberg des Herrn arbeiten, so viel vergebliche Versuche, die nur die verzehren, die sich bemühen?!

Und ich dachte: So will *ich* nicht arbeiten. Denn das himmlische Herr muss anders arbeiten. Darum nahm ich mir vor, nicht vergeblich zu arbeiten, sondern ein »Himmels-Steinwerfer« zu werden. Denn ich war ja gesandt, um die Welt mit dem Evangelium zu erreichen und um das zu erreichen, was ich in meinem BUCH las, in dem ich las, dass Gott *alle* Menschen retten will.

Aber wie?

Und ich sprach zu dem, der mein BUCH schreiben ließ, ich sagte Ihm: »Du musst es tun, dass diese alle gerettet werden. Du selber musst es sein, der es tut. Und nur ein Gehilfe Deiner kann ich sein. Ich muss einer sein, der sieht, was Du tust. Und der mit den Mitteln arbeitet, die himmlisch sind und nicht von dieser Welt. Denn ich las wieder in meinem BUCH, dass wir zwar in dieser Welt leben, aber nicht von dieser Welt sind.

Und so machte ich mich sogleich auf. Und ich tat – nichts. Erst einmal nichts tat ich, bevor ich nicht wusste, dass jetzt der, der mich gesandt hat, Sein Werk durch mich tun würde.

Ohne Ihn kann ich nichts tun, dachte ich wieder. Und es war gut so, denn es war Gottes Wort, das mir das sagte.

Und ich schrie zu dem, der mich beauftragte, das Evangelium dieser argen Welt zu bringen, und ich schrie und sagte: »Tu Du es.«

Und ich rief einige Tage so. Und lange Zeit bekam ich keine Antwort. Doch nach drei Wochen, nach 21 Tagen genau, war es mir, als käme die Antwort auf mein Schreien von dem, der im Himmel ist: »Robinson, du vom Herrn Geliebter. Als du anfingst zu beten, hörte ich deine Stimme. Doch meine Antwort kam erst später zu dir. So ist es oft bei denen, die anfangen zu beten und denken: ›Ich bete nur bis zur Decke.‹ Aber du bist nicht allein mit dem Gedanken, dass ich nicht höre. Dein Gebet ist nicht vergeblich. Aber vieles, das zwischen dir und mir ist, zwischen dem, der auf Erden lebt, und dem, der im Himmel ist, das musste zuerst beseitigt werden, Robinson. Während du betetest und einfach vor mir lagst, in diesen Zeiten, tat ich das Meine, damit du nun in Macht durchdringst zu dem, der helfen will vom Himmel.«

Und ich erkannte, dass es wohl so ist. Denn oft begann ich mit dem Beten und dachte: Der, der im Himmel thront, der hört mich nicht, der ich auf der Erde bin. Doch nicht das erste Mal dachte ich auch: Er muss doch kommen, der kommen soll. Und ich gab nicht auf. Ich blieb liegen auf meinen Knien und wartete auf den, der gesagt hatte: *»Noch eine kleine Zeit, dann wird der kommen, der kommen soll. Er wird gewiss kommen und nicht verziehen.«*

Und ich tat weiter nichts, als mich wieder in einem Zimmer zu verschanzen. Ich schloss die Tür und mied solche, die kein Verständnis haben für das, was ich nun tat: Denn ich tat nichts, als nur im Gebet auf den zu warten, dem gegeben ist alle Macht auf Erden.

Während ich nichts tat, als nur zu warten auf den, der kommen sollte und der die Werke des Himmels tun muss auf Erden, kam dieser ganz plötzlich mit Macht. Und Er erhob mich aus dem Staub und ließ mich den wirken sehen, der nun wirkte, während ich noch nicht wirkte.

Er hob mich empor und weg von dieser Erde.

Und ich ward entrückt in den dritten Himmel und ich sah und hörte himmlische Dinge.

Da sprach ich zu mir: »Niemals will ich von heute an so vergeblich arbeiten wie so viele!«

Denn es war mir, als sähe ich bald, wie Er wie damals Steine des Himmels nahm und auf die warf und die zertrümmerte, die sich gegen das Heer des Herrn aufgemacht hatten. Er tat es, während ich nichts tat und nur im Gebet vor Ihm lag und auf Ihn wartete, dass Er tut, was getan werden musste.

Und es war mir, als sähe ich, dass sich ein großer Kampf erhob. Denn die, die schon lange Unheil trieben in dieser Welt, die wollten nicht aufgeben und kämpften weiter gegen den Heiligen, denn sie wussten, was mit ihnen geschähe, wenn der sie besiegte, der den Sieg über den Tod errang an dem Tag, als Er in den Tod ging für die, die allezeit Angst hatten vor dem Tod, und der den Tod ganz überwand und danach von dem Höchsten des Himmels vom Tode zum Leben erweckt wurde, um nun in den Seinen zu leben und vom Himmel zu herrschen.

Doch der Kampf dauerte nicht immer. Denn der, der den Sieg errungen hatte über den, der die Menschheit von je her in Angst und Schrecken versetzte, der erhob sich und schlug die, die sich gegen das Heer des Himmels aufmachten, allein mit einem WORT, allein mit der Macht Seines Mundes. Und ich dachte: So war es immer, dass der, der das Wort ist und der bei der Schöpfung sprach: »Es werde«, dass der auch jetzt nur ein Wort zu sprechen hatte: Und es stand da, was der wollte, der das Wort ist und der das Wort sprach. Denn das Wort war so wie Gott, der das Wort ist. Es war und es ist so stark wie Gott stark ist, das Wort.

Und wieder dachte ich: Welche Macht hat das Wort!

Und ich schrie auf und sagte mit großer Kehle: »Ich will ein Mensch des Wortes sein. Aber nicht leerer Worte, sondern der Worte Gottes. Worte der Schöpfung, wie damals, als der sprach, der das Wort ist und der schuf, was Er wollte, und der das machte, was gut und sehr gut war und nicht böse wie das, was ich jeden Tag in dieser Welt sah.

Und ich merkte, während ich nichts tat und nur vor dem lag, dem gegeben ist alle Macht im Himmel und auf Erden, wie Sein Wort in mir lebendig und kräftig wurde. Und es war mit einem Male, als wäre Er es, der nun sprach, durch den alle Dinge, die sichtbaren und die unsichtbaren, wurden.

Kapitel 25

Und nachdem Er, der das Wort ist, mächtig in mir war, erhob ich mich nach einer Zeit des Wartens und ging zu denen, die verloren waren und die ich retten wollte.

Und ich holte mir eine Kiste und stellte mich in die Mitte des großen Marktplatzes, auf dem so viele waren und sich tummelten, dass ich sie nicht zählen konnte. Denn ihre Zahl war so, dass man sie nicht zählen konnte. Ich stellte mich auf die Kiste und dachte für einen Augenblick: Wie soll das nur werden? Doch als ich meinen Fuß und danach den zweiten Fuß auf die Kiste stellte und ich einen Kopf und einen halben größer erschien als all die anderen, da öffnete ich meinen Mund. Und mir kamen in meiner ersten Furcht, die mich erfassen wollte, plötzlich die Worte in den Sinn, die ich schon so oft gelesen hatte und die da hießen: *»Tue deinen Mund weit auf, lass ihn mich füllen.«* Und ich öffnete meinen Mund, und es war mir, als spräche mit einem Mal nicht ich, sondern der, der mächtig in mir war. Und ich sprach zu der Menge auf dem großen Platz: »Hört zu, alle, die ihr durstig seid, kommt und trinkt. Und ihr, die ihr kauft, kauft heute umsonst. Warum gebt ihr Geld aus für das, was den Hunger nicht stillt? Warum trinkt ihr Dinge, die euren Durst nicht stillen?!« Und während ich diese Worte sagte, dachte ich: Diese Worte hatte ich vorher nicht überlegt, dass ich sie sagen wollte auf meiner Kiste. Denn als ich mit beiden Beinen auf jener Kiste stand, redete nicht *ich* durch meinen Mund, sondern der Geist dessen, der mich gesandt hatte. Und ich dachte wieder: Das ist es, was jener gesagt hatte, in dessen Dienst wir stehen: *»Sorget nicht, wie* *oder was ihr reden sollt; denn es soll euch zu der Stunde gegeben werden, was ihr reden sollt.«* Und ich dachte an Stephanus, wie er redete zu denen, vor denen er sich verantworten sollte und die ihn verklagten, von dem es heißt in meinem BUCH, dass *»niemand vermochte zu widerstehen der Weisheit und dem Geiste, aus welchem er redete.«* Das müssen wahrhaftig Worte Gottes, des Höchsten gewesen sein! Denn sie gingen hinein in die Hörer wie ein Stachel. Und ich sagte mir: »Das wünsche ich mir, dass meine Worte nicht leer und belanglos sind, sondern wie ein Stachel und wie ein Feuer und schwer wie ein Hammer, der Felsen zerschmeißt, und dass sie Mark und Bein trennen.«

Denn nur solches Wort – nur Er, Gott selbst – konnte bewirken, was gewirkt werden sollte und musste an diesem Tag.

So stand ich da und hatte die ersten Worte, die ich reden wollte, zu ihnen gesprochen. Und ich merkte, je mehr Worte ich zu den Verlorenen sagte auf der Kiste, auf der ich mitten auf dem Marktplatz stand, desto lauter und deutlicher und durchdringender wurden jene Worte. Und ich sah, und siehe, der Kreis derer, die immer mehr auf meine Worte lauschten, der wurde immer größer. Wie ein Stein, den ich ins Wasser warf und der Kreise hervorbrachte, die sich in alle Richtungen ausbreiteten, so ward es mir diesmal, als ich sprach.

Denn nicht nur die, die vorübergingen, hielten an und hörten meine Worte. Auch die, die hinter und unter ihren vielen Zelten standen und ihre Ware feilhielten auf diesem großen Platz, die verließen nun ihre Stätte und kamen herzugelaufen. Und es war mir, als hingen sie völligst an meinen Lippen, die nun immer mutiger wurden und aus denen nun immer mächtiger kräftige Worte kamen, die mir nicht mehr als Worte erschienen, sondern als das Auftreten des Allmächtigen selber auf diesem Marktplatz. Denn wie ein mächtiger Hammer donnerte Sein Wort plötzlich auf alle herab, die unter der Kiste standen, auf der ich stand, und die mir zuhörten. Und wie vom Blitze getroffen, kamen keine Widerworte von denen, die hörten. Denn Gottes Geist, der zu den Menschen nun sprach, der zeigte ihnen, dass die Worte, die aus meinem Munde kamen, richtig waren und recht hatten. Denn der Geist war es, der sie überführte, und nicht kluge Worte der Weltweisheit.

Und ich hörte plötzlich, als sei ein Raunen da, das erst leise begann und dann immer lauter wurde und das zu Anfang von einem und dann von mehreren und bald durch immer mehr Kehlen der Zuhörer geschah. Und sie sagten und schrien: »Was müssen wir tun, um dem zu entkommen, was auf uns kommt wegen unserer Sünden?« Denn der mich gesandt hatte, der stellte die Menschen, während ich redete, und zwar jeden und jeden einzeln, vor Sein heiliges Angesicht, dem keiner derer, die Sein mächtiges Wort durch mich hörten, entfliehen konnte. Denn es war Wahrheit, die sie sahen und erkannten. »So ist dein Leben! So, wie der Allmächtige es dir jetzt vor Augen führt.« Diese Worte hätte ich gar nicht mehr zu sagen brauchen, denn die Hörer, die an jenem Morgen auf dem großen Marktplatz von Gottes mächtigem Wort getroffen wurden, die bedurften keiner menschlichen Versuche mehr, sie zu überzeugen. Der Allmächtige tat an diesem Tag allein, was tausend Worte menschlich hoher Argumentation nicht vermochten. Denn viele von denen, die zuhörten, hatten schon vorher viel gehört von dem, was ich ihnen an diesem Tag sagte. Doch es kam nie mit Kraft in ihre Herzen und richtete nie ihr Gewissen wie an diesem Tage.

Und wieder schrien sie und sagten: »Was müssen wir tun, um gerettet zu werden?« Und ich dachte: Jetzt sollten nicht schwierige Worte der Erklärung kommen. Jetzt sollte und brauchte ich nur zu sagen, was Petrus damals sagte zu denen, die in innere Not geraten waren und riefen. Und ich sprach mit voller Stimme, die über den ganzen Marktplatz zu hören war:

»Glaube an den Herrn Jesus Christus, so wirst du und dein Haus selig!«

Und ich sprach sogleich zu der Masse, die an diesem Tag von Gottes Wort getroffen wurde: »Heute, wenn ihr Gottes Stimme gehört habt, so verstockt eure Herzen nicht. Tut, was Gott euch jetzt sagt.« Denn ich hatte Sorge, dass die, die getroffen waren vom Wort Gottes, den Geist Gottes betrüben könnten und weggingen von mir und dachten: »Morgen ist auch noch ein Tag. Morgen werde ich tun, was ich heute erkannte, dass ich es heute tun sollte.« Doch solches Ansinnen kommt vom Teufel, sagte ich mir in diesem Augenblick. Denn wie viele auf dieser Welt, die nicht das noch an demselben Tag taten, was der Geist ihnen zeigte, viele von ihnen haben sich bis zum heutigen Tage nicht bekehrt. »Die lange Bank war schon immer des Teufels liebstes Möbelstück«, sagte ich später immer zu denen, die Gottes Tag versäumten und damit die Ewigkeit verspielten.

»Heute, so ihr Seine Stimme höret, so verstocket eure Her-

zen nicht!«, schrie ich also ein zweites Mal mit nun noch gewaltiger erscheinenden Worten in die Menge.

Und ich rief weiter zu den vielen, die nun auf dem Marktplatz wie angewurzelt standen: »Heute ist der Tag des Heils, an dem Gott dich gerufen hat. Heute will Gott dir ewiges Leben geben.«

Und ich rief mit großem Freimut: »Wer will es haben?«

Und ich gab genaue Anweisung denen, die sich abkehren wollten vom falschen Leben und die das ewige Leben haben wollten.

Und ich sagte: »Trennt euch schnell von denen, die dem Wort Gottes widerstehen, auf dass ihr nicht mit ihnen vertilgt werdet.« Denn ich merkte, dass einige da waren, die den Weg verlästern wollten, der einzig und allein zur Errettung und zum ewigen Leben führt.

Und so schrie ich und rief: »Kommt, trennt euch von denen, die Gott widerstehen, und stellt euch auf diese Seite des Platzes.«

Und viele waren es, die jetzt alles stehen und liegen ließen, selbst ihre offenstehende Kasse mit den Münzen und Scheinen an den Verkaufszelten, und die sich aufmachten zu der Stelle, die ich denen anwies, die sich jetzt von ihrem alten Leben ohne Gott hin zum ewigen Leben bekehren wollten.

Und ich ging zu ihnen auf jene Seite des großen Marktplatzes und redete noch einmal mindestens zwei Stunden und eine dreiviertel oder noch länger und fragte jeden mit göttlichem Ernst: »Willst du heute den Weg des Verderbens verlassen und auf den Weg treten, der zum Leben führt?« Obwohl es so viele waren, die sich nun versammelt hatten, nahm ich mir jeden Einzelnen vor. Und ich stellte jeden Einzelnen vor die Entscheidung, die die ganze Ewigkeit entscheiden würde. Denn ich sagte, sodass es alle hörten: »Deine Entscheidung ist entscheidend!« Und ich schrie ein zweites und ein drittes Mal über den ganzen Marktplatz, sodass sogar die, die ihre Häuser in der Nähe hatten, es vernommen haben mussten, was hier passierte, und nun ihre Fenster öffneten, um ebenfalls Gottes donnernde Worte zu hören. Ich schrie, als ging es um Himmel oder Hölle, als ginge es um die ganze Ewigkeit, denn so war es: »Deine Entscheidung ist entscheidend!«, rief ich ein weiteres Mal.

Nachdem ich sie mit größtem Ernst und durchdringenden Augen anschaute – es ging ja um Himmel oder Hölle, um Gott oder Teufel –, fragte ich jeden im Angesicht Gottes: »Willst du heute vor allen diesen Zeugen den schlechten Weg verlassen und den guten Weg betreten?«

Denn ich hatte ihnen in meiner zweiten langen Predigt, die ich auf jener Seite des Platzes vor denen hielt, die sich bekehren wollten, gesagt, wie sie von dem breiten Weg des Verderbens auf den schmalen Weg des Lebens geraten können. Und ich hatte ihnen gesagt, dass es nur *einen* Ausweg gibt vom falschen Weg auf den richtigen. Und ich sagte ihnen: »JESUS. Jesus ist die Antwort, die du dir ersehnst. Hör nicht auf zu fragen, eh du Jesus kennst.«

»Niemand kommt zu Gott außer durch Jesus«, machte ich allen klar, denn viele hatten schon allerlei andere verwirrende und törichte Dinge versucht, um auf den Weg Gottes zu kommen, der zum Leben führt. So warnte ich sie mit allem Ernst und sagte: »Jesus allein ist der Weg, der zum Leben führt. Denn nur Er hat das Problem gelöst, das diese

Welt gefangen hält und in den Abgrund führt: Es ist die Sünde«, sagte ich unverhohlen. *»Die Sünde ist der Leute Verderben«*, rief ich über den ganzen Platz, sodass auch die, die mir den Rücken kehrten und sich an diesem Tage nicht bekehren wollten, es noch einmal hören mussten.

»Jesus, der Herr, starb für uns Sünder, als wir noch sehr, sehr weit weg waren von Gott«, sagte ich nun denen, die willig waren, auf Gott zu hören. »Er nahm, was uns trennte von Gott, Er nahm deine Sünden auf sich und zahlte deine Rechnung, die du bei Gott offen hast, rief ich in aller Freimut. Jesus starb den Tod, den du verdient hast, *›denn der Lohn der Sünde ist der Tod.‹*«

Und ich sprach weiter und sagte: »›Ich bin die Tür‹, sagte Jesus. ›Wer durch mich, der ich die Tür bin, geht, der geht ins ewige Leben, um ewig zu leben.‹ Das ist der Ausweg«, sagte ich, »der Weg, um auf den Weg zu geraten, auf den ihr nun geraten wollt.«

Und ich las ihnen Worte aus meinem BUCH: »*›Gehet ein durch die enge Pforte. Denn die Pforte ist weit, und der Weg ist breit, der zur Verdammnis führt; und ihrer sind viele, die darauf wandeln. Und die Pforte ist eng, und der Weg ist schmal, der zum Leben führt; und wenige sind ihrer, die ihn finden.‹* Darum ladet ab, was euch hindert, durch diese schmale Pforte zu gelangen.« Denn ich hatte plötzlich den Eindruck, dass schon einige von ihnen früher versucht hatten, durch diese Tür zu kommen, aber niemals hindurchdrangen durch die Tür ins ewige Leben, weil sie nicht das abladen wollten, was sie hinderte, durch die enge Tür zum Leben zu geraten. Und so sagte ich: »Viele wollen durch diese Tür, aber längst nicht alle geraten durch sie hindurch.

Haltet nicht fest an Dingen, die nichts wert sind.« Und ich sagte genau dieses, weil ich plötzlich in meinem Geist spürte, dass der Teufel nun einigen weismachen wollte, dass es gute Dinge seien, die sie nun aufgeben müssten, und dass sie es nicht tun sollten. Und da ich spürte, dass gerade nun in dieser wichtigsten aller Stunden ihres Lebens der Teufel sie abhalten wollte, zu Jesus zu geraten, rief ich vor der ganzen vor mir stehenden Versammlung dieses: »Du Mörder der Seelen und Feind alles Guten, ich sage dir: Lass deine Finger von diesen und geh an den Ort, den Gott für dich bereitet hat!« Und so widerstand ich dem Teufel öffentlich. Und es war mir, als hätte Gott nun von dieser Sekunde an einen Schalter umgeknipst, und es verschwand die Unruhe, die ich vernahm, bevor ich diese Worte dem Feind alles Guten sagte.

Denn vorher war auch noch dieses geschehen: Ich sah, wie sich ein Mann, der zu denen gehörte, die sich bekehren wollten, sich nun plötzlich davonmachte, weil er von ferne einen gottlosen Mann sah, vor dem er sich offensichtlich mehr fürchtete als vor Gott. Da rief ich mit aller Macht dem zu, der sich davonmachen wollte von Gott und der Ihm den Rücken zukehrte aus Furcht vor seinem »Freund«, der kein Freund war: »Wie willst du dem Zorn Gottes entrinnen, du Sünder?« Denn ich sah, wie er hin- und hergezogen war zwischen mir und seinem alten Freund, der in Wirklichkeit ein Diener Satans war. Und ich sagte noch einmal sehr laut, sodass auch alle anderen es hören konnten: »Deine Sünde wird dich finden. Und sie wird dich die Ewigkeit hindurch jagen.«

Und ich merkte, mit welchem Ernst ich das dem Mann, der

sich nicht entscheiden konnte, sagte. Aber dieser verhärtete sein Herz, und er knirschte mit seinen Zähnen und begann, Fluchworte in die Menge zu werfen.

Das alles schien ein Sieg der Hölle zu sein, dachte ich. Aber das Gegenteil war der Fall. Gott benutzte diesen davonlaufenden und fluchenden Mann, um den anderen, die sich nun bekehren wollten, klarzumachen, wie töricht es ist, dem Teufel nachzulaufen und ein Diener Satans zu sein.

Sie waren von nun an umso mehr entschlossen, den Weg der Errettung zu beschreiten.

Ich vernahm nun, wie einer nach dem anderen seine schmutzigen Kleider vom Leibe riss und sie auf den Boden warf. Und ich sagte nun: »Jetzt, da ihr die schmutzigen Kleider von euch genommen habt, jetzt kann der, der euch liebt, euch Seine schönen Kleider geben, die ihr empfangt, wenn ihr jetzt durch die Tür geht, durch die ihr nun gehen wollt und sollt.«

Und ich dachte wieder für einen sehr kurzen Augenblick dieses: Wie viele sind es wohl, die auf dieser Welt den Wunsch haben, von Gott gesegnet zu werden. Aber sie sind dumm und hängen an den alten Sachen und Klamotten ihres bisherigen Lebens und wollen sie nicht loslassen und erleben nie, was Gott ihnen geben will. Welch Tragik! – dachte ich. Wie schlimm!

Und auch noch dieses dachte ich in jenem Augenblick: Vielleicht hat ihnen niemals jemand gesagt, wie sie das bekommen, was sie bekommen sollen von Gott. Darum sagte ich es ihnen nun und ließ mich nicht abhalten, es ihnen klar und deutlich zu sagen.

Und ich fuhr fort und sprach zu mir selbst: »Ich will es tun fortan und mit jedem klar reden: Das ganze Evangelium will ich denen sagen, die verloren sind und nicht mehr verloren sein sollen und möchten.«

Dann sprach ich weiter zu denen, die mir zuhörten:

»Wollt ihr das? Wollt ihr euer altes Leben beenden und das Leben Gottes beginnen?«

Ein lautes »Ja, das wollen wir!«, hörte ich unüberhörbar mit meinen Ohren, so laut, dass es über den ganzen Marktplatz und weit darüber hinaus zu vernehmen sein musste.

Doch ich dachte noch dieses: »Es ist unmöglich, dass alle, die hier stehen, jede Sünde bekennen, die sie je getan haben.«

Darum machte ich es so, dass ich ihnen sagte, dass ich laut für sie beten und um Vergebung aller Sünden bitten werde, die sie je getan hatten.

Und so tat ich es stellvertretend mit meinem Mund für diese, sagte zuvor aber noch: »Betet zu Jesus jetzt genau die Worte, die ich euch vorsage. Dann sind es eure Worte und eure Bitte und euer Bekenntnis zu dem, der im Himmel ist und euer Herz kennt und der jetzt eure Worte hört.«

Und ich sagte allen, die jetzt ihre Sünden dem bekannten, der für diese gestorben war, ich sagte ihnen auch dieses noch zuvor: »So viele Menschen haben schon ihre Sünden bekannt und um Vergebung gebeten, aber das ewige Leben und den Frieden mit Gott haben sie bis heute nicht empfangen. Das alles bekommt man nicht allein dadurch, dass man nur seine Sünden bekennt. Denn das haben viele von euch schon oft getan. Das ewige Leben und den Frieden mit Gott erhalten wir, wenn wir Jesus in unser Herz und in unser Leben hineinlassen. Das ewige Leben haben wir, wenn wir den in uns haben, der das ewige Leben ist, und nicht vorher«, beschwor ich meine Zuhörer. Denn ich wollte nicht, dass die vielen nach Hause gingen, ohne die »Wiedergeburt« und das neue, ewige Leben zu erhalten.

»Denn es steht geschrieben in meinem BUCH«, sagte ich ihnen allen: *»›Jesus kam in Sein Eigentum, und die Seinen nahmen Ihn nicht auf. Wie viele Ihn aber aufnahmen, denen gab Er Macht, Gottes Kinder zu werden, denen, die an Seinen Namen glauben.‹«*

Und so forderte ich alle, nachdem sie ihre Sünden bekannt hatten, dazu auf, ein weiteres Gebet zu sprechen, das ich ihnen wieder vorbeten würde und das sie mit denselben Worten nachbeten sollten.

Als ich dann zusammen mit ihnen zu den Worten kam: »Herr Jesus, ich nehme Dich jetzt auf. Komm jetzt in mein Leben hinein«, in genau diesem Augenblick, genau in diesem Augenblick, als die vielen diese Worte mit ihren eigenen Lippen vor allen anderen Zeugen zu Jesus sprachen, geschah ein großes Geheule, das so laut wurde, dass ich meinte, die ganze Stadt müsste es vernehmen. Doch was für ein wunderbares Geheule war das! Was für ein schönes Weinen! Was für herrliche Tränen, die ich von meiner Kiste aus bei denen erblickte, die sich in meiner Nähe befanden. Die Leute hatten Jesus gebeten, in ihr Leben zu kommen, und das Wunder geschah: Jesus *kam* in ihr Leben! Jesus kam in sie hinein, denn der Geist dessen, der Himmel und Erde machte, kehrte bei ihnen ein.

Jetzt war der drin in ihnen, der Himmel und Erde machte und der gekommen war, um die zu erlösen, die verloren waren. Sämtliche Hindernisse und alle Finsternis, sie waren nicht mehr da in denen, die den in sich aufnahmen, der das Licht der Welt ist.

Gott hatte sie neu geboren. Was Jesus einst einem Mann in einer Nacht sagte, das war geschehen, denn Er sagte: *»Es sei denn, dass jemand geboren werde aus Wasser und Geist, so kann er nicht in das Reich Gottes kommen ... Lass dich's nicht wundern, dass ich dir gesagt habe: Ihr müsset von neuem geboren werden.«* Genau das war zugleich jene Sekunde, in dem sie eingetragen wurden in das »Buch des Lebens« und sogleich Himmelsbürger wurden.

Und sie alle wussten es von dieser Sekunde an! Denn der Geist dessen, der nun in ihnen war, der hatte es einem jeden klargemacht, dass sie nun bei Gott angekommen und Seine Kinder waren.

Doch ich hörte nicht auf mit meinen Ermahnungen an diesem heiligen Tag: Und es war wie eine dritte Predigt, die ich ihnen noch hielt auf diesem großen Platz. Ich sagte ihnen nämlich: »Ihr, die ihr nun auf dem Weg seid, der himmelwärts führt, ihr, die ihr in himmlische Örter versetzt wurdet durch den, der in himmlischen Örtern ist, euch kann es geschehen, dass euch Sünden erneut überrumpeln werden. Und es wird so geschehen. Dann müsst ihr euch nicht von neuem bekehren, denn ihr seid nun bekehrt zu dem Hirten eurer Seelen und ihr seid Gottes Kinder. Ihr müsst euch nicht neu bekehren und neu Kinder Gottes werden, wenn sich Sünden in eurem Leben melden. Doch jede Sünde, die neu in euer Leben kommt, die müsst ihr gleich und sofort dem bekennen und um Vergebung bitten, der für eure Sünden gestorben ist. Tut es, und dann geht euren Weg fröhlich weiter!«

Und auch dieses noch sagte ich ihnen: »Ich selber habe dieses BUCH seit 28 Jahren.« Dabei hob ich mein BUCH mit der rechten Hand in die Höhe, sodass alle es sehen konnten und wussten, was ich meinte. »Und ich beschwöre euch: Das Lesen dieses BUCHES wird euch von der Sünde abhalten! Oder die Sünde wird euch vom Lesen dieses BUCHES abhalten. So wählt zwischen Tod und Leben! Aber wählt das Leben und lest diese Worte des Lebens an jedem Tag eures Lebens!«

Und noch etwas sagte ich ihnen allen: »Bleibet nicht allein mit euch!« Diese Worte schickte ich nun hinterher. »Wie ein Scheit Holz allein nicht lange glüht und auch erst gar nicht zu glühen beginnt, wenn es allein ist, so wird es mit euch geschehen. Wollt ihr überleben in dieser Welt, so suchet die auf, die so sind wie ihr. Suchet die Gemeinschaft derer, die wie ihr Gottes Kinder sind. Das sind Orte der Bewahrung und Orte der Bewährung. Und die sind es, die euch bald aussenden sollen und aussenden werden zu denen, die noch nicht in dem Boot sind, in dem ihr nun seid.«

Kapitel 26

Der Tag ging vorüber. Und der Abend kam. Ich legte mich darnieder auf eine Bank, die ich irgendwo fand. Und ich dachte nach über das Erlebte des Tages.

Da dachte ich auch über das nach, was ich wieder las, während ich auf der Bank mein BUCH in der Hand hielt. Und ich las: *»Gott will, dass alle Menschen gerettet werden und sie zur Erkenntnis der Wahrheit kommen.«*

»Wie soll das geschehen?«, dachte ich noch vor kurzem. Ich dachte nämlich: »Wie sollen so wenige, die Gott ausgesandt hat, die vielen erreichen, die Gott erreichen will mit dem Evangelium?«

Doch von diesem Tag an wusste ich, dass es möglich ist. Es ist möglich, dass die Massen erreicht werden und viele gerettet werden, wenn wir die Werke Gottes auf *göttlichem* Wege tun.

Und … ach, dachte ich wieder, warum haben wir das nicht erkannt, dass Gott alle Dinge möglich sind und dass alle Dinge möglich sind dem, der glaubt. »Glauben« war ja nicht nur, zu glauben, dass Gott etwas tun kann. »Glauben« ist: ein lebendiger Glaube, den Gottes Geist schenken kann und will. Glaube, der Berge versetzen kann, die unverrückbar erscheinen und von denen wir immer dachten: die bewegen sich niemals.

Den also brauchten wir, um die Welt mit dem Evangelium zu tränken. Und den zu bekommen, das ist das Anliegen der Schrift, die ich immer mein BUCH nannte. Uns geschieht nach unserem Glauben und gemäß der Kraft, die in uns wirkt, entdeckte ich. Die Kraft, die Gott Jesus gab, als Er Ihn von den Toten auferweckte, die will Gott uns schenken. Und die hat Er uns geschenkt, las ich. Die hat Gott uns bereits geschenkt!

Das konnte nicht nur für die ersten Jünger gelten, dachte ich. Alles in der Schrift Geschriebene war für alle Zeiten gültig, und es war für die geschrieben, die es heute lesen und glauben. Es machte mich mehr als zuversichtlich, dass Gott mich gebrauchen wollte, der ganzen Welt diese Gute Botschaft zu verkünden. Nicht mit leeren Worten, sondern in Erweisung der Kraft, die allen Jüngern zu allen Zeiten zur Verfügung gestellt wird vom Himmel. So brauchte ich gar nicht mehr viele Jahre nach dieser Kraft zu suchen, sondern es kam darauf an, – im Gebet und in zuversichtlichem Glauben – in Anspruch zu nehmen, was Gott längst verheißen und bereitgestellt hat.

Ich hatte an diesem Tag selbst erlebt, dass erfolgreiches Menschenfischen möglich ist. Und ich glaubte seit dem herrlichen Beweis dieses Tages auf jenem Marktplatz, dass Gott es durch Seine Boten zu allen Zeiten tun kann, wenn Seine Boten bereit sind, Ihn und Seine Kraft zu empfangen und sie in und durch sich wirken zu lassen. Ich hatte sie erlebt, ohne dass ich jahrzehntelang darauf warten musste. Sie war da, als ich erkannte und glaubte, dass sie für mich da ist, und als ich anfing, meinen Mund zu öffnen.

So erhob ich mich also von meiner Bank, auf der mir diese Gedanken kamen. Und durch die Kraft der Speise des Wortes Gottes, welches ich von jetzt an noch mehr als bisher las, und durch das Erleben des Wirkens Seines Geistes ermutigt, wandelte ich viele Tage durch die Stadt und erlebte dasselbe wie auf jenem Marktplatz von da an auch an anderen Orten.

Die Befürchtung, dass alles nur eine einmalige Sache bliebe und ich wieder in alte Gleise rutschen könnte, hatte sich nicht bestätigt. Bestätigt wurde mir nur, dass das Prinzip, das ich von diesem Tage an erkannte und fleißig beachtete, funktioniert.

Das Wort, das ich las und das auch an alle anderen gerichtet war, das hatte für viele nur deshalb keine oder nur geringe Auswirkung, weil es nicht mit Glauben verbunden war. Von diesem Tage an sollte darum jegliches Wort Gottes ein Wort des Glaubens – des gottgewirkten und gottgeschenkten Glaubens – werden. Durch den Glauben würde das Wort Gottes lebendig und kräftig werden, sodass es seine wunderbaren Auswirkungen hätte.

KAPITEL 27

So nahm ich mir nun wieder mein kostbares BUCH vor und blätterte darin – wenn man das, was ich mit jenen kostbaren Seiten noch tun konnte, überhaupt noch als »blättern« bezeichnen konnte. Die Seiten meines BUCHES hatten sich seit geraumer Zeit von dem schwarzen Buchrücken gelöst, und der gesamte Buchdeckel war nur noch die ebenfalls völlig zerschundene Hülle jener überaus kostbaren Papierseiten, die zum Teil so braun und abgegriffen waren, dass ich an manchen Stellen nur noch ahnen konnte, wie der wirkliche Wortlaut war. Aber das alles war kein Problem für mich. Ich hatte ja in jenen 28 Jahren meiner Verschlagenheit auf der Insel so viel Zeit wie kein anderer Mensch auf Erden. So hatte ich bereits – es war wohl das fünfte Jahr meines Aufenthaltes auf der Insel – so hatte ich bereits seit jener Anfangszeit angefangen, den gesamten Text meines BUCHES auswendig zu lernen. Ich hatte nämlich große Sorge, dass mir irgendwann einmal mein kostbares BUCH abhandenkommen könnte. So war dies ein guter Antrieb, die kostbaren Worte jenes einzigartigen BUCHES in mein Gedächtnis hineinzutragen. Und wie dankbar bin ich heute. Es ist nicht nur das gesamte Neue Testament, das ich aufsagen kann. Als nächstes hatte ich mir das Buch der Psalmen vorgenommen. Und dann die Sprüche Salomos, des Sohnes Davids. Das alles hatte meinem Geist einen mächtigen Auftrieb gegeben. An manchen Tagen hatte ich die Gegenwart Gottes auf jener Insel so mächtig erlebt, dass ich meinte, auf Wolken zu schweben. Ja, Gott hob mich regelrecht empor über meine Insel und damit über all die vielen Probleme, die ich hätte haben können und die mich erschlagen hätten, hätte ich nicht dieses herrliche BUCH gleich zu Anfang meines Insel-Aufenthaltes durch Zufall gefunden. Für nichts und niemanden hätte ich es tauschen mögen. Und diese Einstellung hat sich mit jedem Tag verstärkt, als ich anfing, jeden kostbaren Buchstaben dieses BUCHES in mich hineinzusaugen. Ja, es war und es ist bis zum heutigen Tage so, dass es mir zur Speise wurde und wird, sooft ich es las und lese oder dahersage. Und es ist mir eine Leuchte gewesen bis zur jetzigen Minute, um auf dem richtigen Weg zu gehen, den Gott mir weisen wollte und den Gott mir bis jetzt in jeder Situation zeigt.

KAPITEL 28

Ja, ich kann sagen, dass die Zeit meiner Verschlagenheit auf jener Insel, obwohl es Zeiten des Leidens sein müssten, dass diese Zeit eine mehr als herrliche Zeit war. Ich erlebte die Herrlichkeit und Gegenwart Gottes in einem solchen Maße, dass ich manchmal fast zerspringen wollte vor Glück.

Dieses Glück war in keinster Weise zu begründen durch irgendetwas Sichtbares oder Ähnliches, das ich auf jener Insel fand. Im Gegenteil: Ich empfand meine Insel, auf der ich lebte, nicht selten als eine sehr langweilige Sache. Immerhin kannte ich bereits nach zweieinhalb Jahren oder nach drei Jahren fast jeden Quadratmeter meiner Insel. Aber wie merkwürdig. Ich war dennoch viel glücklicher als in all den Jahren, als ich noch unter meinen vielen Jugendfreunden war, mit denen ich die zeitvertreibendsten Spielchen trieb, und als ich dachte, ein glücklicher Mensch zu sein. Wie bedeutungslos kam mir das jetzt alles vor, all diese Dinge, die ich damals zu besitzen meinte. »Warum in aller Welt kam ich jedes Mal trotz schöner Erlebnisse völlig leer von jenen Treffen nach Hause?«, dachte ich bereits vor meiner Verschlagenheit auf die Insel in so manch trüber Stunde.

Schon beim ersten Durchlesen meines BUCHES war mir alles klar. Die Antwort lag glasklar auf der Hand. Zusammen mit meinen vielen alten Freunden hatte ich die Rechnung immer ohne den Wirt gemacht. Natürlich wusste ich, dass jeder Mensch ein Geschöpf Gottes ist. Aber woher kam diese merkwürdige Leere? Warum hatte ich mit meinen damaligen Freunden fast alles nur Erdenkliche unternommen, von dem ich meinte, die große Erfüllung meines Lebens zu erhalten – aber dennoch immer wieder mit dem dumpfen Gefühl, dass das noch nicht alles sein konnte.

Ich hatte immer, auch schon vor meiner Bekehrung zu Jesus, geahnt, dass es das Erfüllendste sein könnte, in Harmonie mit dem Schöpfer zu leben. Aber warum war da immer dieses komische Gefühl, das mich damals überall begleitete, wohin ich auch ging oder was ich mir auch erdachte, dieses komische Gefühl, dass mit mir irgendetwas nicht stimmte.

Musste ich denn erst auf diese verlassene Insel geraten, um weise zu werden? Anscheinend ja! Während ich über das alles nun nachdenke, bin ich »heil«-froh und Gott überaus dankbar, dass Er mich von all den »schönen Dingen« meines Vorlebens in der Heimat losriss und mich auf meine Insel verfrachtete. In die Einsamkeit. Erst in dieser Einsamkeit machte ich die größten Entdeckungen meines Lebens. Abgeschirmt von allem Trubel dieser Welt begegnete mir der Schöpfer des unendlichen Universums. Hier machte er mir klar, dass ich seit meiner Erschaffung, ja, schon lange bevor ich im Mutterleibe geformt war, von Ihm geliebt war und dass Er sich nach jenem Tag mit größter Sehnsucht sehnte, an dem ich Ihn anrufen und in mein Leben hineinlassen würde.

Schon beim Lesen des dritten Kapitels meines BUCHES erfuhr ich, dass beim ersten Menschenpaar ein großes Problem entstand, das gravierende Folgen haben würde für das Verhältnis eines jeden Menschen mit seinem Schöpfer: So wurden schon die ersten beiden Menschen aus dem schönen

Garten Eden, aus dem herrlichen Paradies, hinausgeworfen, und die Reihe allen Elends dieser Welt begann.

Wie sehr muss Gott das wehgetan haben! Gott musste die ersten Menschen und bisher jeden ihrer Nachkommen – wegen der Sünde Adams und Evas, aber auch wegen der eigenen Sünde ihrer Nachkommen – vom Paradies trennen. Aber niemals hat Gott sich damit abgefunden. Zu keiner Zeit! Darum sagte Er gleich zu Anfang zu dem ersten Menschenpaar, dass Er etwas unternehmen würde, diesen Zustand der Trennung zwischen Ihm und Seinen Geschöpfen wieder zu beenden.

Genau das ist geschehen!

Gleich nach dem Fall des Menschen in die Sünde und dem Abfall des Menschen von Gott, hatte Er mit deutlichen Worten ein für alle Male klargemacht, dass Er der Schlange, dem Teufel, der ausging, um die ganze Menschheit zu verführen, den Kopf zertreten würde.

Vier Jahrtausende nach dieser herrlichen Verheißung war es Jesus, der dem Teufel den Kopf zertreten hat!

Weil das solche mächtigen Auswirkungen schon für diese Zeit und diese Welt, aber vor allem für alle Ewigkeiten hat, deshalb habe ich mir vorgenommen und lasse nicht mehr davon ab, der verlorenen Welt diese Gute Botschaft, dieses Evangelium zu verkünden.

Kapitel 29

Während ich, Robinson, eingeschlafen war und wieder nach einiger Zeit halb erwachte, da kam mir diese Geschichte in den Sinn, die ich noch erzählen möchte:

Ich erinnerte mich an eine Frau, eine Witwe, die so arm war, dass sie kaum noch etwas zu essen hatte. Die machte sich auf, sammelte etwas Holz und wollte dann, zusammen mit ihrem Sohn, sterben. Da kam jedoch ein Prophet zu ihr und sprach: »Du und dein Sohn, ihr braucht nicht zu sterben. Du hast nicht viel, um zu überleben. Aber setze das Wenige, das du hast, ein. Gib zuerst mir von dem Wenigen ab, das du hast, dann wirst du sehen, wie es weitergeht.«

Und dann, dann passierte ein Wunder!

Diese Frau musste geahnt haben, dass dieser Mann ein Mann Gottes war, und gab jetzt zuerst ihm etwas von dem Wenigen, von dem sie meinte, dass es kaum für sie und ihren Sohn zum Überleben ausreichte. Sie kümmerte sich zuerst um das »Reich Gottes«, anstatt zuerst für sich »das Schäflein ins Trockene zu bringen« …

Und jetzt erinnerte ich mich wieder, während ich all diese Gedanken dachte, die mir in den Kopf schossen, ich erinnerte mich nun, dass das nun genau die Rettung der Witwe aus der schwierigsten ihrer Lebensphasen war. Gott erfüllte an ihr genau das Wort, jenes Wort, das Jesus später uns allen sagte: *»Trachtet am ersten nach dem Reich Gottes und nach Seiner Gerechtigkeit, so wird euch solches alles zufallen.«* Denn die Frau und ihr Sohn mussten nicht verhungern, wie sie noch kürzlich dachte, und sie lebten noch lange Zeit in dem Land.

Während ich mich auf meinem Lager umdrehte, gleich danach, kam mir noch eine andere Witwe in den Sinn, eine zweite Witwe, die nicht dieselbe war wie soeben, an die ich dachte, bevor ich mich umgedreht hatte auf meinem Lager. Und ich sinnierte darüber eine Zeit lang: Diese Witwe war völlig verschuldet. So viele Schulden hatte diese Frau, dass ihr Gläubiger die zwei Söhne dieser armen Witwe zu seinen Leibeigenen machen wollte. Ihre Söhne sollten nun einem anderen gehören ihr Leben lang! Da dachte ich nun: Wie viele gehören nun irgendeinem anderen und sind nicht mehr frei! Wie viele »Leibeigene« gibt es! Wie viele haben sich selbst dem Teufel verkauft und gehören nun ihm!

Da sagte ein anderer Mann Gottes, ein anderer als der von eben, etwas sehr Merkwürdiges, etwas, was man sich wirklich merken sollte, zu der Witwe. Er sagt zu ihr: »Geh zu deiner ganzen Nachbarschaft und bitte die Leute um Krüge. Dann nimm den einen Krug, der dein eigener ist und in dem noch Öl ist, nimm den und schütte das Öl, das darin ist, in einen der geliehenen Krüge. In den Krug, der dir nicht gehört.«

Wieder dachte ich, während ich über diese Geschichte nachsann: Das ist doch genauso wie bei der anderen Witwe, die zuerst alles dem anderen gab. Und ich dachte: Welch eine Einsicht musste der Mann Gottes gehabt haben und welch einen Glauben musste diese Frau gehabt haben, sodass sie so etwas tat. Sie hätte nämlich denken können, dass dann, nachdem der Krug der Nachbarin voll ist, diese Nachbarin kommt und ihr das Öl, das vorher ihres war, nun wegnimmt und ihr sagt: »Der Krug ist mein und das Öl, das darin ist, ist nun auch meines.« Ja, so hätten viele wohl gedacht und sie hätten das Öl, das sie haben, krampfhaft festgehalten und nichts davon verschüttet, so wie es hingegen jene Frau tat, die all ihr teures und kostbares Öl über den Füßen Jesu verschwenderisch ausgoss.

Aber die Witwe dachte nicht an irgendetwas Schlechtes, das hätte kommen können. Sie tat einfach das, was der Prophet ihr sagte.

So schüttete sie nicht nur diesen einen ersten Krug voll, sondern *alle* Krüge, denn ihr eigener Krug wurde nicht leer.

»Verkaufe das Öl und bezahle deine Schulden damit«, sagte der Mann Gottes der Witwe, die noch eben so arm und jetzt so reich war. Denn sie war nun reich, weil sie tat, was der Mann Gottes ihr sagte, dass sie es tun solle.

Diese Frau nahm nun das viele Öl. Und das erstaunte mich nun auch wieder. Denn sie hätte ja denken können: »Ich bin nun reich an Öl!« So dachte ich nun, während ich all diese Gedanken an mir vorbeifliegen ließ, während ich halb wach dalag: Es gibt so viele »Gesalbte«, es gibt so viele »Christen«, die sich wiegen in ihrem Öl und dem Herrn immer nur danken, dass Er sie geölt hat, denn der »Gesalbte« war ja nun in ihnen. Sie stehen oder sitzen immer nur da in ihren Versammlungen und preisen ihre Ölung. Aber sie haben nicht verstanden, warum der Herr sie geölt hat und ihnen so viel Öl gab. Sie verstehen es nicht und haben es bis heute nicht verstanden, dass die Geölten ihr Öl weitergeben sollen. Nur so, erkannte ich nun, könnten sie neues Öl empfangen, das sie doch immer erbaten in ihren Gebeten und Versammlungen, aber nie erhielten.

»Das ist eine große Not«, dachte ich, »so etwas darf nicht sein! Es darf nicht sein, dass es so etwas gibt.« Und ich erinnerte mich wieder an jene erste Gemeinde, in die ich schon lange vor meiner Verschlagenheit auf meine Insel vor über 30 Jahren geriet. Wie viel wussten diese über das, was im Wort geschrieben steht! Wie sehr schwelgten sie im Wort Gottes und priesen es! Aber die da draußen hatten nichts davon mitbekommen, was innerhalb der Mauern dieses Hauses geschah!

Was für ein Unsinn! Was für ein Unsinn! Diese vielen und vielen Stunden, während man immer mehr Öl zu sammeln meinte und in denen man dachte: »Je mehr Öl ich habe, desto besser geht es mir. Und nur darum öle ich mich ein. Und wieder! Und wieder!« Doch diese, die meinten, sie müssten nur an sich denken, und voller Angst davor waren, etwas von ihrem Öl abzugeben an die, die bisher nie geölt wurden, denen ging es bald so wie denen, die damals nicht glaubten, dass Gott sie versorgen würde, und so viel »Manna« sammelten, dass ihr »Manna« bald zu stinken begann. Sie waren wie das Salz, das von Gott gemacht war, dass es salzen sollte, das aber seit langem nicht mehr salzte und die Welt vor dem Verderben nicht bewahrte.

So viele Versammlungen dieser Art gibt es. Solche, die nichts taugen für diese Welt! Denn so wenig war es, das nach außen drang von ihnen in die Welt, in die sie gesandt waren und die nun doch weiter verfaulte.

Das ist göttliche Buchhaltung, erkannte ich, als ich über die beiden Witwen nachdachte. Sie gaben alles und verloren nicht alles, sondern gewannen alles.

Göttliche Buchhaltung ist anders als menschliche.

Ich hörte nämlich viel später einmal von einer geplanten großen Veranstaltung, in der viele Menschen zum Glauben an Jesus gerufen werden sollten. Aber dann trat der Buchhalter dieser Gruppe vor, schimpfte über die, die das geplant hatten und sagte: »Was habt ihr da ohne mich geplant?! Es wird zu teuer! Ihr müsst die Veranstaltung absagen!«

Ach – ach weh! Dieser Mann ohne Geist Gottes! Ohne Glauben und Vision!

Er schaffte es tatsächlich, die anderen zu überzeugen, dass man eine solche Veranstaltung wegen fehlender Geldmittel nicht durchführen könne. Und die Veranstaltung fand bis heute nicht statt! Denn bis heute ist das Geld nicht erschienen auf den Konten des Buchhalters. Und viele, die den Weg zu Gott gefunden hätten, konnten ihn nicht finden und sind verloren für immer! »Das ist ein großes Übel!«, rief ich aus, während ich mich auf meinem Lager erneut umdrehte. (Später ging sogar diese ganze Gruppe zugrunde, weil sie, anstatt sich um die da draußen zu sorgen, nur drinnen blieben und sich mehr und mehr um Nichtigkeiten stritten.)

Ich dachte, als ich die Sache mit der Witwe und dem Öl in meinem BUCH las, nun auch noch dieses und verwunderte mich über das, was ich nun überlegte: Warum hat die Frau sich nicht weitere Krüge geliehen? Das Fließen des Öls hörte nämlich auf, als der letzte geliehene Krug mit Öl gefüllt war. Das Fließen des Öls hätte nicht aufgehört bis heute, wenn man dem Öl genügend Krüge zur Verfügung gestellt hätte. Und ich dachte: Dann wäre der Auftrag, der ganzen Welt das Evangelium zu verkünden, erfüllt worden. Denn es gibt bei Gott genügend Mittel, damit die Dinge getan werden können, die getan werden müssen, damit Gottes Werk vollendet wird.

Jesus hatte gesagt: *»Gebt, so wird euch gegeben. Ein voll, gedrückt, gerüttelt und überfließend Maß wird man in euren Schoß geben; denn eben mit dem Maß, mit dem ihr messet, wird man euch wieder messen.«*

Ach! … Wenn manche gerade ein kleines Wunder erlebt haben, dann bleibt es meistens nur bei diesem einen kleinen. Sie hindern Gott daran, dass Er noch mehr Wunder tun kann. Was könnte geschehen, wenn Sie sich nicht damit zufrieden gäben, nur *einen* Krug zu füllen, da sie doch *viele* Krüge füllen könnten! Was hält sie davon ab – so fragte ich mich ernstlich – von Gott mehr zu erwarten und zu erbitten? Wieder schlug ich mein BUCH auf, und ich las diese Worte:

»Wo bittet unter euch ein Sohn den Vater ums Brot, der ihm einen Stein dafür biete, und, so er um einen Fisch bittet, der ihm eine Schlange für den Fisch biete, oder, so er um ein Ei bittet, der ihm einen Skorpion dafür biete? So denn ihr, die ihr arg seid, könnet euren Kindern gute Gaben geben, wie viel mehr wird der Vater im Himmel den heiligen Geist geben denen, die ihn bitten!«

Warum muss Jesus ständig mit starken Aufrufen drängen, bis wir endlich glauben, dass Er uns geben kann und will, um was wir bitten?! Er sagte doch: *»Alles, was ihr bittet in eurem Gebet, glaubet nur, dass ihr's empfangen werdet, so wird's euch werden.«*

»Glaubt an Gott«, hat Jesus gesagt.

Und den Glauben hatte ich. »Ich glaube!«, rief ich aus.

»Wenn sie alle ungläubig sind, so will ich es nicht sein!«, schrie ich in den Himmel.

Hatte ich diesen Glauben denn nicht kürzlich, als ich für den halbtauben Mann betete, der mir das Frühstück brachte? Hatte ich diesen Glauben nicht und setzte ihn flugs um?!

Wieder las ich in meinem BUCH, in dem ich blätterte: *»Das Gebet des Gerechten vermag viel, wenn es ernstlich ist ...«*

Als ich das erfasste, gingen mir von Stunde zu Stunde ganze Kronleuchter auf. Wie erstaunt war ich darüber, welche Macht in meinen Gebeten steckt: Da öffne ich in dem Glauben, in voller Zuversicht, dass Gott handeln wird, meinen Mund und bitte Jesus, etwas zu tun, und Er tut es! Genauso wie damals, als Er in Israel lebte. Wie damals, als einer sagte: »Wenn Du willst – dann kannst Du mich heilen.« – *»Ja, ich will«*, rief Jesus dem Bedrückten zu. »Ich will!«

»Ich kann es. Und ich *will* es auch!«

Aber die Reihe von Kronleuchtern, die nun plötzlich immer mehr ihren Schein zeigten, wurde immer größer.

Wie war es möglich, dass wir solche Vollmachten hatten? Wie war es möglich, dass durch das Sprechen eines Gebetes – in der Zuversicht ausgesprochen, dass geschieht, um was wir bitten – Jesus tätig wird und ein Wunder tut? Dass Er dann Dinge tut, die nicht den Naturgesetzen unterworfen sind?!

~ ~ ~

Kapitel 30

»Liebst du mich mehr als die anderen?«
Johannes 21,15

Als ich wieder zu mir gekommen war, da war mir wieder, als vernähme ich diese Worte:

»Ich nehme die, die ich gerettet habe, nicht aus der Welt. Ich lasse sie in dieser Welt, damit sie in dieser Welt Zeugen von mir sind.«

»Aber die Welt ist schlecht, in die Du Deine Jünger sendest«, sagte ich.

»Ich habe für sie gebetet, dass sie bewahrt werden in dieser Welt vor dem Bösen. Menschen können zwar den Leib meiner Jünger töten, mehr aber können sie nicht tun«, vernahm ich.

Und währenddessen ich wieder in meinem BUCH blätterte, fand ich die Stelle, in der steht:

»Fürchtet euch nicht vor denen, die euren Leib töten können.« Da stand es also, ähnlich wie es meinem Geist mitgeteilt wurde. Und es bewies, dass das, was ich in meinem Geist vernahm, dem nicht widersprach, was die »in Stein gemeißelten Worte meines BUCHES« sagten.

Es waren keine falschen Worte, etwa die Worte eines falschen Propheten, der denen, die Jesus nachfolgten, nur einbläute, dass nun alles immer ohne Probleme gehen würde in ihrem Leben, seitdem sie »Christus aufgenommen« hatten.

»Es geht dem Knecht nicht besser als dem Herrn«, vernahm

ich nun. »Warum?«, wollte ich wissen. »Weil sie meine Zeugen sind!«, hörte ich.

Irgendwann, sehr lange Zeit nach dem heutigen Tag sollte ich erfahren, dass das Wort »Zeuge«, das ich in meinem BUCH fand, auch »Märtyrer« heißt. Von Märtyrern hatte ich schon gehört. Das waren Menschen, die um ihrer Überzeugung wegen in den Tod gingen. Und nun wurde mir klar, dass auch Jesus-Zeugen unter ihnen waren. Zeugen von Jesus. Sie verleugneten Jesus nicht, sondern sie bezeugten Ihn. Es waren Leute, die bezeugten, wer Jesus ist und was Jesus getan hat für sie und für diese Welt. Es waren Leute, die das, was Jesus in ihnen nun war, anderen weitersagten, und die bis in den Tod bereit waren, nicht von ihrer Meinung abzugehen. Es waren Menschen, die ihren Herrn so lieb hatten, dass sie Ihn nicht verleugnen würden, koste es, was es wolle.

Ich erfuhr allerdings, dass sogar solche Leute noch zu Märtyrern werden können, die irgendwann einmal völlig versagt haben. Ich las von Petrus, der versichert hatte, dass, wenn alle Jesus doch verlassen würden, er es auf keinen Fall tun würde. Und dann las ich, dass Petrus, der schon so viel mit Jesus erlebt hatte – der drei ganze Jahre mit Jesus unterwegs war –, dass ausgerechnet dieser Mann Jesus nicht nur einmal verleugnet hatte, sondern gleich dreimal hintereinander. Er hatte sogar bekräftigend gesagt, er wolle verflucht sein, wenn er Jesus kenne. Das war ein starkes Stück. Das war unmöglich! – dachte ich, als ich nochmals über das alles nachdachte.

Aber dann las ich weiter, dass genau dieser Petrus nach seiner schlimmen Verleugnung eine ganz neue Begegnung mit Jesus hatte. Am See Genezareth, dem See, auf dem die anderen Jünger und er vorher so viele Dinge gemeinsam mit Jesus erlebt hatten. Genau an dem Ort fragte Jesus den Petrus: »Liebst du mich mehr als die anderen?« Diese Worte aus dem Mund von Jesus hatten den Petrus wirklich getroffen. Jetzt antwortet Petrus: »Du weißt, dass ich Dich mag. Ich habe Dich gern. Ich mag Dich wie einen Freund.«

Dann fragte Jesus ein zweites Mal: »Petrus, liebst du mich?« Petrus antwortete: »Du weißt, dass ich Dich mag.«

Dann fragte Jesus noch ein drittes Mal: »Hast du mich gern?« Da konnte Petrus kaum noch seine Tränen verbergen, und er sagte zu Jesus: »Du weißt doch alle Dinge, vor Dir ist nichts verborgen. Du weißt, dass ich Dich mag. Du weißt, dass ich Dich lieb habe!«

Das ganze Treffen hatte nun aus dem Petrus einen völlig anderen Menschen werden lassen.

Die Verleugnung seines Herrn ließ ihn nun wirklich erkennen, was für ein Typ in ihm steckte. Der spätere Apostel Paulus hatte das auch irgendwann erkannt und er schreibt in einem seiner Briefe: »In mir, in meinem Inneren, ist nichts Gutes. Es ist keiner gerecht, niemand, auch nicht ein Einziger. Alle, alle Menschen sind von Gott abgewichen und abgefallen. Ihr Mund ist ein offenes Grab. Otterngift ist unter ihren Lippen.« Welch ein Grab war der Mund des Petrus, als er seinen Herrn verleugnete! Welch todbringendes Otterngift war unter seinen Lippen, als er sagte: »Ich will verflucht sein, wenn ich diesen Jesus kenne!«

Die Erkenntnis dessen, dass der, den Jesus einmal als Felsen bezeichnete, dass genau dieser Mann vor seiner erneuten Begegnung mit Jesus nicht besser war als die Pharisäer und Schriftgelehrten, die Jesus von der Erde weg haben wollten, und dass er nicht besser war, als die Soldaten, die den teuflischen Plan der damaligen geistlichen Leiterschaft zur Tat werden ließen, das alles war das Ende des Petrus, der »Tod« des Petrus.

Aber genau an diesem Punkt musste Jesus den Petrus haben, bevor Er ihn wirklich gebrauchen konnte.

»Wenn die Saat nicht im Erdboden stirbt, kann sie nicht aufgehen.«

Petrus musste erkennen, dass nur einer gut ist: Gott. Und wollte nun Petrus irgendetwas Gutes tun in dieser Welt, war das nur möglich durch Gott.

Nur Gott in Petrus, nur Jesus in Petrus konnte und sollte später etwas Gutes tun.

Erst jetzt, als Petrus das begriffen hatte, konnte Jesus ihn gebrauchen. Jetzt war es möglich, dass Jesus in und durch Petrus Sein in Israel begonnenes Werk weiterführen konnte.

Das Ganze passierte dann auch. Und Petrus wurde ein großer Zeuge, ein großer Märtyrer für Jesus.

Kapitel 31

Ich bin wie ein Leder-Handschuh:
von Natur aus schlaff und leer!
Das sind wir und das sollen wir sein:
wie ein lederner Handschuh.
Wie einen Handschuh,
nicht anders will Jesus uns haben.

Hier bin ich,
mach mit mir, was Du willst.
Schlüpfe in mich hinein, Jesus.
Fühl Dich wohl in mir.
Mach, was Du willst in mir.
Tu mit mir, was Du willst
und was Dir gefällt.

Ach, wie einfach!

Um dieses allein geht's:
dass wir uns leeren, statt »alles zu erfüllen«,
dass wir uns ganz entleeren,
damit Jesus ganz Platz findet in uns,
um uns dann zu erfüllen,
damit Er in und durch uns
herrschen und wirken kann.

Jesus, komm rein in mein Leben.
Nimm weg, was Dich hindert,
in diesen Deinen Handschuh zu kriechen.

Wüsste die Welt, was ihr entgeht,
wenn sie Jesus nicht hineinlässt!

Kapitel 32

Traurig verließ ich das Gespräch, das jemand mit mir führte. Mit angeblich stichhaltigen Argumenten hatte er versucht, meinen schönen Glauben kaputtzureden.

Ich streifte nun mit dem linken Daumen über alle schönen Seiten meines BUCHES.

Sollte also von nun an mein herrliches BUCH nur noch ein Buch mit sieben Siegeln sein, weil es jemanden gab, der mir die Wirkung meines BUCHES ausreden wollte?

Wie kam es nur, dass gerade ein Mensch, der ein Meister der Schrift sein wollte, mir so oft die meisten Probleme machte?

Doch als mir die Anfechtung durch diesen und auch einiger anderer zur wirklichen Anfechtung wurde und Dunkelheit sich meiner bemächtigen wollte, weil ich in meinem Glauben für kurze Zeit erschüttert und verunsichert war, da war es mir, als hörte ich wieder jene Stimme, die mir nicht unbekannt war:

»Fang noch einmal von vorne an!«

Was war das für ein Satz, der nun wie ein Flüstern in meinen Geist hineinkam?!

»Fang noch einmal von vorne an.

Wer hat dich bezaubert, dass du nicht mehr das glauben kannst, was du einst glaubtest?

Schau, wie es in den ersten Tagen war, als du anfingst, an mich zu glauben. Was hast du alles gesehen? Welch herrliche Schau hattest du von mir und von deiner Zukunft mit mir? Du hattest es in den ersten Tagen nicht nötig, dass dich jemand belehrt. Wie es mein Geist in dir sagte, so war es Wahrheit. Ja, du hättest dir deine gesunden Augen ausgerissen, und du hättest sie einem anderen gegeben, der keine hat, so begeistert warst du von dem, was ich dich erleben ließ durch deinen einfachen und schlichten Glauben an mich und an das, was du in meinem BUCH gelesen hattest.

Woher kam also deine ganz ›neue Sicht‹?

Wer hat dich bezaubert, dass du nun nicht mehr allem glaubst, was geschrieben steht?

Kehre um und vertraue mir. Denn wenn du nicht glaubst, so bleibst du nicht.

Lies mein BUCH immer von vorne. Nicht von hinten.

Mein BUCH berichtet im allerletzten Teil, in den Briefen, nicht deshalb weniger von meinen Taten und den Taten der Apostel, weil ich aufgehört hätte, wie am Anfang zu wirken und durch jene zu wirken, sondern nur deshalb wird dort nicht mehr so viel davon geredet, weil es genügt, dass ich es einmal in den Evangelien und der Apostelgeschichte sagen ließ. Es reicht ein für alle Male aus, darüber zu berichten, wie ich bin und was ich tue. Es reicht aus, ein für alle Male zu berichten, was meine Jünger glaubten und taten. Es reicht, dass ich einmal gezeigt habe, wie ich, Jesus, bin, und was ich tun kann und tun möchte. Nicht nur in Israel damals, sondern auf der ganzen Welt heute.

Einen anderen Jesus als in den Evangelien gibt es nicht. Ich, der Herr, ändere mich nicht.«

Diese Worte, die ich vernahm, diese Worte bauten mich wieder auf und holten mich zurück an den Ort, von dem mich einige vertreiben wollten.

Und gestärkt durch diese Worte war ich wieder in der Lage, den Weg weiterzugehen, den ich eingeschlagen hatte und den Jesus bisher augenscheinlich so herrlich gesegnet hatte, seitdem ich unter Menschen war und ihnen den Jesus meines BUCHES verkündigte.

Und jene Worte, die ich gerade vernommen hatte, die erklärten mir, weshalb Dinge oft so sind, wie ich sie noch später sehen sollte bei manchen, die mir immer wieder zur großen Anfechtung werden wollten.

Kapitel 33

Aber wieder sollte es Zeiten höchster Anfechtung in meinem, Robinsons, Leben geben. War es mir noch vor kurzem, als könnte mich nichts auf dieser Welt aus der Bahn werfen, weder Menschen noch Teufel noch meine Gedanken, so war es mir manchmal, als sei alles bisher Erlebte nichts als eine Fata Morgana gewesen. Ich war plötzlich – ich weiß nicht, warum und wie es passierte – ich war plötzlich wieder in die alte Wirklichkeit versetzt worden.

Danach, als dieser Zustand für mehrere Tage – oder waren es sogar Wochen? – nicht aufhören wollte und ich alles mir nur zur Verfügung Stehende nutzte, um wieder herauszukommen aus diesem elenden Zustand, sah ich in einer Nacht – war ich in Tiefschlaf versunken oder dämmerte ich nur vor mich hin? Ich weiß es nicht. – Da sah ich mich in einen Käfig verfrachtet. Der war verschlossen nach unten und nach oben und nach rechts und nach links und nach hinten und nach vorne. Es war ein Käfig mit Gittern, durch die ich klar schauen konnte. Und ich sah, dass es eine andere Wirklichkeit gab. Ich sah von diesem Käfig aus, dass es die Wirklichkeit wirklich gab, in der ich vor meiner Gefangenschaft in jenem Käfig lebte und im Segen wirkte.

Aber für mich war sie von dem Käfig, in dem ich mich für jene Zeit befand, für eine gewisse Zeit nicht fassbar. Ich versuchte, mit meinen Händen durch die Gitterstäbe zu greifen und jene Wirklichkeit, von der ich wusste, dass es sie gab, weil ich schon darin gelebt hatte, zu ergreifen. Aber die Gitter hinderten mich, in die Freiheit und zu dem Leben, das ich einst führte, zu dringen.

Und während ich mit beiden Händen und mit meinen Füßen mit aller Gewalt versuchte, aus diesem Käfig wieder hinauszugelangen, da war es mir plötzlich, als sähe ich Jesus außerhalb des Käfigs stehen.

Und voller Jubel rief ich: »Du bist noch da! Du bist derselbe, der Du vorher warst!«

Ich erinnerte mich plötzlich an die Worte, die ich ganz zu Anfang meiner Geschichte zu Jesus sagte, als ich noch auf der Insel war, als ich noch verloren war und als ich zu Jesus sagte: »Ich will auch zu Dir!«

Und ich nahm dieselben Worte in meinen Mund und ich schrie sie zu dem, der damals hörte und mich rettete und von dem ich glaubte, dass Er dasselbe nun auch tun konnte. Ich schrie die Worte: »Jesus, ich will zu Dir zurück!«

Und im selben Augenblick, als ich endlich diese Worte nicht nur in meinen Gedanken hatte, sondern sie laut mit meinen Lippen zu dem schrie, der mich damals gerettet hatte und von dem ich nun glaubte, dass Er mich auch jetzt retten könnte, in genau diesem Augenblick war der Käfig verschwunden. Er war nicht mehr da! Und er konnte mich nicht mehr trennen von dem, den meine Seele liebt.

Erleichtert dachte ich nun:

»Wie am Anfang
rief ich Dich,
dass Du mich rettest.
Und wieder hast Du mich
in Deine Wahrheit versetzt.«

Kapitel 34

Als das Ganze später noch einmal auf ähnliche Weise geschah und ich mich umnachtet fühlte, da war es mir, als sagte Jesus zu mir:

»Hast du nicht gelesen in deinem BUCH …?«

»Hast du nicht gelesen in deinem BUCH …?« – Jetzt merkte ich, dass es dieselbe Stimme zu sein schien, die mir auf jener Insel sagte:

»Hast du nicht gelesen, dass ich der Allmächtige bin?«

Ich blätterte nun wieder in meinem BUCH. Und ich war erstaunter denn je zuvor über die vielen schönen Worte in diesem BUCH. Wie hell leuchteten neu die von Gott eingehauchten Worte hervor, die ich in meinem BUCH las. Wie sehr sprang mir neu jeder einzelne Buchstabe dieses heiligen BUCHES in meinen Geist und in mein Herz, ja, in mein ganzes Sein. Ein himmlischer Strom durchflutete in diesem Moment neu alle Bereiche meines Lebens. Ein gesundmachender Strahl von oben war es, der plötzlich Geist, Seele und Leib durchdrang und zu neuem Leben erweckte. Und eine ungeahnte Kraft ging von meinem BUCH in meinen Geist, in meine Seele und in meinen Körper von neuem, in dem Augenblick, als ich mich neu besann, wer Jesus ist und was Er für mich getan hat.

Ein Wort an Sie

Liebe Leserin, lieber Leser!

Vielleicht haben Sie während des Lesens dieses Buches manches Mal gedacht: »So vieles verstehe ich überhaupt nicht. Ich weiß bis jetzt auch nicht, ob ich von Gott angenommen und ein wirklich Glaubender bin.«

Wenn Sie sich nach Gewissheit in Ihrem Leben sehnen, dann sage ich Ihnen: Noch heute können Sie die feste Gewissheit erlangen, bei Jesus angekommen und von Ihm angenommen zu sein.

Reden Sie sich auf keinen Fall ein, dass Sie zu schlecht seien, um zu Jesus zu kommen. Sie können zu Ihm so kommen, wie Sie sind. Versuchen Sie nicht, an sich selbst herumzubasteln. Versuchen Sie nicht, sich selbst zu verbessern, in der Meinung, dass das die Voraussetzung sei, um von Jesus angenommen zu werden. Ein neuer, besserer Mensch werden Sie erst von dem Augenblick an, in dem Jesus durch Seinen Geist in Sie einzieht. Nur dadurch, dass Jesus durch Seinen Geist in Ihnen Wohnung nimmt, werden Sie zu einem neuen Menschen.

Es ist eigentlich ganz einfach: Sagen Sie jetzt zu Jesus Christus, dass Sie Frieden mit Gott haben möchten. Und dass Sie ein Kind Gottes werden möchten. Vielleicht haben Sie schon oft Ihre Sünden bekannt und um Vergebung gebeten. Und doch sind Sie bis zum heutigen Tag nicht zu Jesus durchgedrungen. Bleiben Sie nicht beim Sündenbekenntnis allein stehen, sondern bitten Sie Jesus, in Ihr Leben zu kommen. Laden Sie Ihn in Ihr Leben ein! Sagen Sie Ihm mit eigenen Worten, dass Sie Ihn ab heute zum Herrn Ihres Lebens machen möchten. Sagen Sie es Ihm jetzt mit Ihren eigenen Worten. Vielleicht ist es Ihnen auch eine Hilfe, wenn Sie sich hierzu hinknien. Sie können zu Jesus aber auch im Sitzen oder im Stehen beten. Jesus wird Sie hören! Denn Er hat schon lange darauf gewartet, dass Sie diesen Schritt zu Ihm tun. Jesus hat gesagt: *»Wer zu mir kommt, den werde ich nicht hinausstoßen«* (Johannes-Evangelium, Kapitel 6, Vers 37). Er wird auch Sie nicht hinausstoßen und von sich weisen, wenn Sie zu Ihm kommen.

Ich bitte Sie: Wenden Sie sich jetzt vertrauensvoll an Jesus! Egal, an welchem Ort dieser Welt Sie sich gerade befinden! Egal, in welcher Verfassung Sie sich befinden! Jesus hört Sie! Er wartet auf Sie seit langer Zeit und freut sich zusammen mit dem ganzen Himmel, wenn Sie heute zu Ihm kommen.

Wenn Sie durch das Lesen dieses Buches gesegnet wurden, dann teilen Sie es mir einfach mit. Schreiben Sie mir, was Sie mit Jesus erlebt haben. Und wenn Sie Fragen haben, dann können Sie mir ebenfalls gerne schreiben. Ich werde versuchen, Ihnen eine Antwort zu geben.

Meine E-Mail-Adresse lautet:
siegfried.korzonnek@concept-leben.de

Eine kleine, zusammenfassende Deutung

Wo auch immer Robinson hinkommt, bestätigt Gottes Geist sein Reden und Tun, und er erlebt mit Gott Dinge, die dem ungläubigen und dem ungeistlichen Menschen unmöglich erscheinen. Die Gegenwart des Geistes Gottes zeigt, dass Jesus derselbe ist gestern, heute und morgen. Im Lichte Gottes erkennen wir Irrlehren des Unglaubens. Wir erkennen, wie schrecklich die Sünde des Unglaubens und des Kleinglaubens ist.

Lassen wir den allmächtigen und barmherzigen Gott nicht erst dann wirken, wenn wir meinen, aus eigenem Vermögen heilig genug zu sein. Den 100%igen Heiligungsgrad haben wir »in Christus«. Erfassen wir diese alte Wahrheit ganz neu! Wir könnten sofort starten wie Jeffrey, von dem wir in unseren Geschichten gelesen haben, der sogleich nach seiner Bekehrung loslegte.

Durch die Gegenwart Gottes, die der Heilige Geist schenkt, gelangen wir in eine andere, in eine neue Wirklichkeit. Diese neue Wirklichkeit ist da, wo der Geist Gottes ist und wirkt. Zeiten der erlebten »Wirklichkeit Gottes«, beweisen, dass eine Theologie nicht haltbar ist, die uns sagen will, dass Erweckung in der Endzeit nicht mehr möglich sei. In vielen Gebieten auf der Erde finden Erweckungen statt, obwohl auch dort »Endzeit« ist. Diese Wirkungen beweisen, dass Gott auch in der Endzeit Erweckung schenken kann und will. Erweckungszeiten werfen jede bisherige Berechnung und jede theologische Spitzfindigkeit über den Haufen.

Die Meinung, dass geistliche Erweckung in der Endzeit nicht möglich sei, hat leider oft dazu geführt, dass man sich nicht aufmachte, Gott mit Glauben und Gehorsam entgegenzukommen. Es hat nicht selten dazu geführt, dass Lähmung und Untätigkeit herrschten. Dabei gilt doch der Missionsbefehl immer noch! Bis zur Wiederkunft Jesu will Gott, dass wir *alle* Menschen zu Jüngern machen!

Robinson konnte von Gott so sehr gebraucht werden, weil er Gott und Seine Gedanken kannte. Er kannte Gott und Seine Gedanken, weil er ein großer Bibelleser war. Robinson las seine Bibel. Er war ein Bibelkenner und deshalb ein Gott-Kenner. Und er kannte Gott, weil er viel Zeit mit Ihm im Gebet verbrachte.

In den 28 Jahren seiner Verschlagenheit auf der Insel und in der Zeit seines 82-fachen Durchlesens seiner Bibel meinte er in angefochtenen Stunden womöglich, dass trotz seiner Hingabe an Jesus und Sein Wort bisher nicht viel geschehen sei. Doch ganz anders war es in Wirklichkeit. Diese Jahre waren für Robinson eine notwendige Zeit der Vorbereitung für das, was Gott durch ihn später unter den Menschen tun wollte. Es gibt aber auch andere, die Gott sofort, gleich nach ihrer Bekehrung und Übernahme durch den Heiligen Geist, mächtig gebrauchen kann. Auch das haben wir in den Robinson-Geschichten gelesen.

Die Geschichte Robinsons zeigt, dass aus den »unmöglichsten« Menschen Gottes Kinder werden können. Und die Geschichte Robinsons beweist, dass hartgesottene, verhärtete Gotteskinder und festgefahrene, zu Salzsäulen erstarrte, stählerne Gemeinden zu neuem Leben erweckt werden können, wenn der Geist Gottes an ihnen wirkt. Das alles ist möglich, weil es dem großen Sehnen Gottes entspricht, Seine Kinder und Seine Gemeinden in das Leben zu führen, das Er für sie bereit hat und das Er sie erleben lassen möchte.

Zusätzlich zeigt die Geschichte Robinsons, dass Gott der große Versorger derer ist, die Seine Sache tun. Das sollte alle ermutigen, die nach menschlicher Rechnung sich nicht in der Lage fühlen, große Dinge für Gott in Angriff zu nehmen. Gottes Problem ist niemals das Geld! Ihm gehört alles Geld dieser Welt! Gott ist immer noch der Schöpfer aller Dinge. Gottes Problem sind fehlende Menschen, die Ihm vertrauen, dass Er – auch sehr große Summen – geben kann, wenn Er uns beauftragt, große und vielleicht sogar sehr, sehr große Projekte anzufassen. Wie sehr ruft unsere Zeit jetzt nach solchen Visionären, die hören, was Gott möchte, und dann tun, was Gott getan haben möchte!

Wir kommen los von falschen Sachen, wenn wir von Gottes Geist erfasst werden und wenn wir uns auf das Wirken und Drängen des Geistes Gottes einlassen und auf diese Weise wirklich Jesu NACH-Folger sind. Das Erleben des Wirkens Gottes und das Sehen der Werke Gottes in unseren Tagen wird uns lebendig halten und ermutigen zu weiteren Werken Gottes und zu weiterem Wirken für Gott. Erfahrene Brauchbarkeit bewahrt uns davor, zukünftig im Unglauben und in gefährlicher Untätigkeit zu verharren.

Erlebte Vollmacht auf unseren Kanzeln wird uns mehr Vertrauen in die Kraft des geschriebenen Wortes Gottes und des zu verkündigenden Wortes Gottes schenken. Wie sehr haben wir gerade das nötig, nachdem es so viel »Predigtnot« auf unseren Kanzeln gibt und viele, die in unsere Gottesdienste gehen, Steine statt Brot serviert bekommen!

Des Weiteren zeigt die Geschichte Robinsons, dass es dem vollkommenen Willen Gottes entspricht, dass die ganze Welt gerettet wird, und dass dies möglich sein muss. Gott hat es ja gesagt, dass Er will, dass *alle* Menschen die Wahrheit erkennen und errettet werden! Wie können wir etwas anderes behaupten!

Darum stecke die Pflöcke weit, mache den Raum weit. Sei im kompletten Willen Gottes und schmälere ihn nicht, weil du meinst, weiterhin in deiner kleinen Welt leben zu müssen, und weil DU meinst, dass das, was Gott möchte, nicht möglich sei.

Doch auch dieses passiert: dass der Teufel dich anficht, wenn du Gottes Reich ausbreiten möchtest. Das hat Robinson in verschiedensten Versionen erlebt. Wir dürfen getrost sein: Anfechtungen sind nicht der Beweis dafür, dass wir auf dem Holzwege sind, sondern sie beweisen oft gerade das Gegenteil: dass wir auf dem richtigen Wege sind.

Gott ist treu und lässt uns nicht über unser Vermögen versucht werden. Er hat Mittel und Wege, diejenigen, die für Ihn arbeiten, zu beschützen und sie aufzufangen und neu aufzurichten, wenn sie gefallen sind.

Pflüget ein Neues

In 1. Mose, Kapitel 26, in den Versen 12 bis 22, lesen wir eine Begebenheit, auf die ich zum Schluss aufmerksam machen möchte:

> »Und Isaak säte in dem Lande und erntete desselben Jahres *hundertfältig*; denn der HERR segnete ihn. Und er ward ein großer Mann und nahm immer mehr zu, bis er sehr groß ward, sodass er viel Gut hatte an kleinem und großem Vieh und ein großes Gesinde. Darum beneideten ihn die Philister und verstopften alle Brunnen, die seines Vaters Knechte gegraben hatten zur Zeit Abrahams, seines Vaters, und füllten sie mit Erde … Da zog Isaak von dannen und schlug sein Gezelt auf im Grunde Gerar und wohnte allda und ließ die Wasserbrunnen wieder aufgraben, die sie zu Abrahams, seines Vaters, Zeiten gegraben hatten, welche die Philister verstopft hatten nach Abrahams Tod, und nannte sie mit demselben Namen, mit denen sie sein Vater genannt hatte. Auch gruben Isaaks Knechte im Grunde und fanden daselbst einen Brunnen lebendigen Wassers. Aber die Hirten von Gerar zankten mit den Hirten Isaaks und sprachen: Das Wasser ist unser. Da hieß er den Brunnen Esek, darum dass sie ihm unrecht getan hatten. Da gruben sie einen andern Brunnen. Darüber zankten sie auch, darum hieß er ihn Sitna.
>
> *Da machte er sich von dannen und grub einen andern Brunnen. Darüber zankten sie sich nicht; darum hieß er ihn Rehoboth und sprach: Nun hat uns der HERR Raum gemacht und uns wachsen lassen im Lande.*«

Gott ist ein Gott des Segens! Und wenn du durch den Glauben an Jesus Christus in diese Segenslinie hineingeraten bist, dann will Gott dich mit vollem Segen überschütten. Der volle Segen ist nicht nur ein dreißigfacher oder sechzigfacher Segen – obwohl das schon sehr viel wäre – nein, Gottes Ziel ist der hundertfache Segen.

Der Segen Gottes soll der verlorenen Welt zeigen, wie wunderbar der Schöpfer des Himmels und der Erden, wie wunderbar unser Herr ist!

Sei nicht wie Esau, der diesem Segen nicht nachlief. Sei nicht wie Esau, der den Segen, der ihm zustand, gering achtete. Sei wie sein Bruder Jakob, dem alles recht war, um an den Segen heranzukommen! Bedenke, dass Jakob sich den Segen nicht durch der Hände Arbeit erworben hat, sondern durch sein unbedingtes Erpichtsein auf diesen Segen. Er wollte den Segen haben, egal auf welchem Wege er ihn erhalten würde! Erbitte den Segen, den Gott sich für dich erdacht hat, bis du ihn in deinen Händen hältst. So haben es unsere Vorväter und Vormütter getan, bevor sie zum großen Segen wurden.

Der volle Segen Gottes ist nicht nur für einige wenige, für ein paar auserwählte Christen da. Er ist das Erbe, das Gott für jedes Seiner Kinder bereitstellt und das Er jedem Seiner Kinder geben möchte.

Gottes Segen liegt schon bereit. Er ist bereits erarbeitet worden durch Jesus Christus. Nimm in Anspruch, was Dein ist! Nimm das Land ein, das Gott *dir* verheißen hat und geben will.

Wenn du mit dem Segen Gottes gesegnet bist, dann bist du

fähig, der verlorenen Welt draußen ein Segen zu sein. Nur das kannst du weitergeben, was du von Jesus empfangen hast. Dann ist es für dich nicht mehr ein Krampf, Jesu Zeuge zu sein, sondern höchstes Vorrecht und höchste Freude!

Schütte den Segen Gottes aus dem Füllhorn Gottes in diese Welt hinein, die den Segen Gottes so sehr nötig hat. Segne – und verdamme nicht!

Den Stolzen kennt Gott nur von ferne, aber dem Demütigen will Gott Gnade geben. Bist du zerschlagen? Haben dich die Jahre deiner Pilgerschaft zerschlagen? Dann bist du an dem Punkt, an dem Gott dich haben möchte.

Wenn Gott dich segnet, dann werden Neider auftreten. Und diese kommen nicht selten aus den eigenen Reihen. Andere Gotteskinder werden vielleicht auf dich zukommen und dir Unlauterkeit und andere schlimme Dinge vorwerfen. Man wird mit der Bibel in der Hand auf dich zugehen und zu beweisen versuchen, dass du »nicht biblisch« seist.

Verlasse nicht wegen anderer Menschen und Neider die Segenslinie Gottes. Gehe weiterhin den Weg, den Gott dir zeigt. Lass dich nicht abhalten, sondern sage den verqueren Neidern diese fünf Worte: »No time for the devil.« – »Keine Zeit für den Teufel.«

Isaak grub verschüttete alte Brunnen wieder auf. Beschäftige dich mit den ermutigenden und inspirierenden Berichten der Kirchengeschichte. Schau, wie Gott in vergangenen Zeiten, in vergangenen Jahrhunderten, sowohl Männer als auch Frauen mächtig gebraucht hat. Was Gott vorzeiten tun konnte, das kann Er heute wieder tun!

Mein damaliger Bibelschullehrer sagte einst: »Wir Deutschen halten die besten Predigten – mit den geringsten Erfolgen.« Gott tut weltweit, was wir in unseren Breitengraden kaum erleben, aber erleben könnten. Schau in andere Länder und sieh, wie Gott andere Menschen und andere Bewegungen in unseren Tagen gebraucht, um die Menschen ihrer Zeit mit dem Evangelium zu erreichen. Ein bewährter Missionar unserer Zeit sagte mir kürzlich: »Schau dir an, was an anderen Orten in der Welt funktioniert. Und daraus lerne!«

Unser Land liegt wahrlich brach da. Und wir sollten demütig genug sein, in andere Länder und Bewegungen zu schauen, um daraus zu lernen.

Alte Brunnen wieder aufgraben? Ach, täten wir es. Graben wir wieder und finden wir das Wasser, das unser Land so dringend nötig hat.

Oder machen wir es so, wie Isaak es gemacht hat, nachdem er nur Zank und Feindschaft durch die Neider erlebt hatte: Graben wir einen völlig neuen Brunnen auf!

Vielleicht ist das dran. Wenn andere dich nur behindern, dann tue für Gott ein neues Werk. Vielleicht möchte Gott ja, dass du eine ganz neue Sache, eine ganz neue Arbeit beginnst. Lass es dir von Gott zeigen. Dann tu es, im Vertrauen auf den Allmächtigen, der dich beruft.

Nachdem Isaak endlich den Mut hatte, einen neuen Brunnen aufzugraben, gelang er in einen weiten Raum.

»Nun hat uns der HERR Raum gemacht
und uns wachsen lassen im Lande.«
1. Mose 26,22

»Es gibt große Männer, die sich wie ein Alpengipfel über ihre Zeitgenossen erheben. Das trübe Gewölk der Zeitmeinung verhüllt sie, sodass ihre überragende Bedeutung von den Gleichzeitigen nicht erkannt wird. Erst im weiten Abstand eines Jahrhunderts, wenn die Hügel kleinerer Geister längst nicht mehr gesehen werden, erkennen wir ihre einsame Größe und beginnen, ihre Botschaft zu verstehen, die ihre Zeit nicht begreifen konnte, denn es war eine Botschaft über den Tag hinaus.«

Friedrich Hauss in »Väter der Christenheit – Von Männern und Frauen der Erweckungsbewegung bis zu den Blutzeugen der Gegenwart«

Siegfried Korzonnek

Durch Gebet geschehen Zeichen und Wunder

Was Gott tun kann und tun möchte

Gott ist ein Gott der Wunder. Die gesamte Bibel ist ein herrlicher Bericht darüber. – Dieses Buch gibt Zeugnis davon, dass Gott auch heute dasselbe tun kann und möchte.

126 Seiten, Paperback, Best.-Nr. 662800
ISBN 978-3-944337-15-9